Bibliografische Information der Deutschen Nationalbibliothek: Die Deutsche Nationalbibliothek verzeichnet diese Publikation in der Deutschen Nationalbibliografie; detaillierte bibliografische Daten sind im Internet über www.dnb.de abrufbar.

Herstellung und Verlag: BoD – Books on Demand, Norderstedt

ISBN: 9783756837519

Vera Apel-Jösch

Wandere ich noch oder pilgere ich schon?

Begleitworte:

Ich widme dieses Büchlein meiner wunderbaren
Freundin Karin Simanowski. Ohne Ihr Vorbild hätte ich
diese Tour vermutlich nicht gewagt.

Im Text tauchen immer mal wieder Produktnamen oder
Firmennamen auf. Ich habe für den möglichen
Werbeeffekt keinerlei Honorar erhalten.

Das Schicksal hat Humor. Das muss man ihm echt lassen. Da habe ich letzte Woche fette 98 Kilometer zu Fuß unbeschadet in den Alpen hinter mich gebracht, um jetzt daheim mit hochgelagertem Bein und Riss am Außenmeniskus im Bett zu liegen. Erworben habe ich diese Verletzung auf einem harmlosen Spaziergang im heimischen Wald. Ich wollte über einen quer auf dem Weg liegenden Stamm springen, war mit dem rechten Bein schon hinüber, als sich mein linker Fuß im Geäst verfing und mich zu Boden warf, dabei das linke Bein ordentlich verdrehte. Sofort schoss ein mächtiger Schmerz ein und ich wusste: Hier ist was kaputt gegangen.

Damit nämlich habe ich Erfahrung. Ich kann selbstdiagnostisch Verletzungen gut einordnen, denn ich bin eine Unfallpersönlichkeit. Eine Bruchpilotin ohne Flugzeug. Mein Leben ist gespickt mit Prellungen, Zerrungen, Verstauchungen, Überdehnungen, Gehirnerschütterungen, Blutergüssen, Quetsch-, Schnitt- und Schürfwunden. Überall am Körper sind Narben, die Knie sehen aus wie der Grand Canon. Das linke Knie war ohnehin angeschlagen, vor neun Jahren hatte ich mir auf einer Fete Kreuzband und Seitenband eingerissen. Ich habe auch eine stattliche Anzahl von Knochenbrüchen hinter mir: Sprunggelenk, Handgelenk, Elle, Schulter gleich zweimal, Mittelhand, Mittelfuß, Steiß, Nasenbein (doppelt), vier Zehen, Rippe. Mein Sohn Max hat das zu Beginn seines Medizinstudiums zu der Zeit der obligatorischen Anatomie- und Pathologiepraxis lakonisch mal folgendermaßen kommentiert:" Mutter, Dein Skelett könnte man in der Rechtsmedizin 1a identifizieren." Wie tröstlich. Einzig getoppt von jenem Satz, als ich ihm meine Patientenverfügung übergab: "Du stirbst eh keines natürlichen Todes!" Dabei hatte er aber wohl noch nicht mal meine Stürze im Blick, sondern eher die anonymen Drohbriefe, die ich damals von Neonazis erhielt. Nun bin ich immerhin schon kurz vor meinem 63. Geburtstag, war ganze fünf Jahre unfallfrei. Bis vorgestern.

Natürlich habe ich immer wieder darüber nachgedacht, warum ich so oft hinfalle. Oder wie meine Freundin Sabina einst zu Zeiten des reiselustigen Karol Wojtyla sagte: " Du küsst den Boden häufiger als der Papst!"

Es begann schon zu Kindertagen und meine Eltern interpretierten es oft als Faulheit oder Drückebergertum, wenn ich humpelnd von einem Arbeitsauftrag zurückkehrte. Als junge Frau habe ich dann Dethlefsen und Dahlke gelesen, wie viele andere in meiner Generation auch. Schicksal als Chance, Krankheit als Weg. Die Autoren interpretierten Unfälle als unbewusst selbstgewollt um sich Auszeiten zu gönnen oder als Zeichen für übermäßige Starrheit, für die Notwendigkeit einer Beugung. Ich hab mich damit nicht identifizieren können, denn als Kind war ich mehr gebeugt als mir gut tat, ich wollte mit allen Mitteln ein gutes Mädchen sein.

Als ich 16 Jahre alt war und den Mopedführerschein machte, brauchte ich einen Sehtest. Und da stellte sich heraus, dass ich ein ziemlich blinder Maulwurf bin. Ein Auge ist fast blind, das andere hat extreme

Hornhautverkrümmungen und andere Läsionen , ein Auge ist kurzsichtig, das andere weitsichtig und bei Müdigkeit schaltet mein Gehirn einfach mein ganz schlechtes Auge ab. Alles in allem führt das dazu, dass ich nur eindimensional sehe. Ich kann nicht räumlich sehen, Tiefe nicht erkennen oder eine solche nicht richtig einschätzen. Bei Treppen weiß ich nicht, wie tief mein Schritt zur nächsten Stufe sein soll, Bordsteine erkenne ich ebenso wenig wie Bodendellen. Kein Wunder, dass ich dauernd auf die Nase falle! Ich kenne kein anderes Sehen, darum ist es mir selbst nie aufgefallen. Eine Brille kann mein ein dimensionales Sehen nicht verändern, sie schützt nur meine Augen vor Überanstrengung. Nordic Walking Stöcke hingegen helfen recht gut, weil ich über das Fühlen merke, dass der Boden vor mir anders wird. Theoretisch müsste ich beim Gehen dauernd hellwach und konzentriert sein. Praktisch komme ich beim Gehen total schnell in einen Flow, fast tranceartig, was wunderschön ist. Das will ich nicht verlieren. Und so ist es wie es ist. Ich bin inzwischen eine gute Abrollerin und verletze mich nur noch selten bei Stürzen. Außer vorgestern. Siehe oben.

Die ersten paar Stunden nach dem jetzigen Sturz habe ich gehadert und gejault, ich gebe es zu. Meniskus tut auch echt weh. Aber nun habe ich mich besonnen. Alles ist zu irgendetwas gut. Nichts geschieht ohne Grund. Das Universum verschenkt keine Energie. Wenn ich schon hier herum liegen muss, kann ich ja auch gleich die Geschichte meiner Alpenüberquerung aufschreiben, noch sind die Erlebnisse ganz frisch. Die zurückliegende

Woche ist noch irgendwie irreal, sicher hilft das Schreiben auch beim Verarbeiten.

Der Gatte hat mir im Bett eine Bank aus Yogakissen und Deckenrolle für das hochzulagernde Bein gebaut, der ungarische Hund schnarcht gemütlich unter meiner Bettdecke und ich tippe. Ich tippe einfach drauf los ins Tablett, ohne Storyboard und Dramaturgiekonzept. So wie man das auf keinen Fall macht. Darin bin ich gut.

Das Fazit aus meinem Sturz fällt folgendermaßen aus: Meine ewigen Warner fühlen sich bestätigt. Sie sagen: Siehste, man kann sich stets verletzen. Ich sage: Siehste, man kann sich überall verletzen. Beide finden wir, dass wir Recht haben.

Die Idee einer Alpenüberquerung begleitet mich seit 2011/2012. Mein Gatte und ich erwanderten zu der Zeit den Rothaarsteig und ich bemerkte, dass mir Routenwanderungen viel mehr Spaß machen als das zielloses Umhergehen des Gehens Willen. Nach dem Rothaarsteig erwanderten wir die Traumpfade in der Eifel und ich kaufte mir Wanderbücher, so auch eines über den Goetheweg nach Italien, der in vielen hundert Kilometern von München nach Venedig führt.

Goethes Aufbruch über die Alpen nach Italien war damals eine Flucht. Durch sein anstrengendes Ministeramt in Weimar glaubte Goethe den Zugang zu seiner Kreativität verloren, die er im idealisierten Italien wiederfinden wollte und sollte. Was als Reise geplant war, wurde zu einem fast zweijährigen Aufenthalt,

Goethe schrieb und zeichnete vor allem wie besessen. Seit Schülertagen faszinierten mich seine italienischen Verse:

"Kennst du das Land, wo die Zitronen blühn,

Im dunklen Laub die Goldorangen glühn,

Ein sanfter Wind vom blauen Himmel weht,

Die Myrte still und hoch der Lorbeer steht,

Kennst du es wohl?

Dahin! Dahin

Möcht ich mit dir, o mein Geliebter, ziehn!"

Ich bin ein Mensch mit schier unstillbarem Fernweh. Mich zieht es immer irgendwo hin. Es ist kein "Fort-von" im Sinne einer Flucht, sondern immer ein "Hin-zu", ein fast fiebriges Streben nach neuen Eindrücken, dem aufsaugenden sinnlichen Erleben, dem eifrigen Sammeln von Erfahrungen und Erinnerungen. Am sechsten Tag meiner Wanderreise entdecke ich in den Sommergärten von Schloss Trauttmansdorff in Meran tatsächlich einen Zitronenbaum voller Früchte, sage im Geiste das Goethegedicht auf und bin wirklich ergriffen. Ich war durchaus schon früher in Italien gewesen: in Mailand, am Lago Maggiore, im Piemont, im Vinschgau und in der Toscana, aber diesmal war es anders. Meine eigenen Füße hatten mich von Deutschland hierher gebracht, unter viel Schweiß und fast ein paar Tränen. Doch dazu später mehr.

Der Goetheweg schied für mich wegen seiner Länge aus. Der bekannteste Alpenweg E 5 von Oberstdorf nach Meran schied für mich ebenso aus. Ich musste den Tatsachen nüchtern ins Auge sehen, für Gletscherpartien und Kletterpassagen bin ich nicht sportlich genug. So wurde es ebenso wie der E 5 ein Weg mit 5 Wandertagen, beginnend aber in Mittenwald am Fuße des herrlichen Karwendel, endend in Meran in Südtirol. Dieser Weg ist sanfter als der E 5, aber soviel sei schon jetzt verraten: Ein Spaziergang ist er nicht.

Zu den Eckdaten:

Ich bin 98 Kilometer gelaufen in den 5 Wandertagen, Umwege und Abstecher inbegriffen. 1.400 Höhenmeter bergauf und 2.200 Höhenmeter bergab. Mehr als einmal habe ich mich verlaufen. Das war aber weder meiner Wanderapp bei Komoot geschuldet, noch meinen hervorragenden Wanderunterlagen von Eurohike. Ich fühlte mich schnell durch die App und das häufige Nachschauen in den Unterlagen in meinem Flow gestört, schaute mir am Morgen des Wandertages die Route genau an, prägte mir Wesentliches ein und orientierte mich dann eher an Beschilderungen, was bisweilen doch zu Mehrkilometern führte. Aber so hat es für mich gepasst, andere Wanderer haben sich akribisch an ihre Unterlagen gehalten. So hat es für sie gepasst.

Jeder ist anders. Auch bei Städtetouren kaufe ich mir tolle Reiseführer, studiere die im Vorfeld mit viel Freude um dann später vor Ort doch lieber in Seitenstraßen abzubiegen oder mich einfach treiben lassen. Ich bin gut im Planen, aber weniger gut in der Planerfüllung, da erlaube ich mir viele Freiheiten, Spirenzchen und Schlenker. Ich bin eine Schlenderin, dazu gehört auch eine gewisse Ziellosigkeit, die Offenheit für Zufälle, die Neugier auf Unvorhergesehenes.

Ich bin meinen Weg in den Alpen oft intuitiv gegangen oder habe Einheimische befragt. Dadurch bin ich manchmal vom richtigen ("vom rechten Weg") Weg abgewichen, was aber immer nachträglich seinen Sinn für mich hatte. Ein Beispiel ist die Entdeckung der mittelalterlichen Stadt Mals, die so gar nicht vorgesehen war und die ich nicht missen möchte.

Bei Eurohike kann man die Tour auch in sechs Wandertagen, beginnend ab Garmisch-Partenkirchen gehen. Der Tag des Starts ist frei gewählt, es gibt keine festen Starttage. Die Tour heißt Alpenüberquerung light, denn das Gepäck wird von Eurohike täglich und sehr zuverlässig ins neue Übernachtungsquartier gefahren, man trägt nur seinen Tagesrucksack selbst. Ich hatte einen 20 Liter Rucksack dabei, der war vom Platz gut ausreichend, von Tag zu Tag habe ich weniger Sachen mitgenommen.

Ein paar Sätze zu weiteren Alpenrouten: welchen genauen Weg Hannibal mit seinen Elefanten nahm, ist bis heute nicht genau geklärt, vermutlich über die Schweizer und französischen Alpen.

Einen weiteren grausamen Weg lernte ich bei den Vorbereitungsrecherchen kennen: Den Weg der Schwabenkinder. Schwabenkinder waren Kinder im Alter von 5 bis 16 Jahren aus ärmeren Regionen der Alpenländer. Ihre Eltern waren arme Bauern, die ihre Kinder kaum ernähren konnten. Deshalb schickten sie diese zum Arbeiten nach Oberschwaben.

Auf Kindermärkten wurden die Kinder an Bauern als Saisonarbeitskräfte verkauft. Es handelte sich um eine Form von Sklaverei. Schulpflicht bestand für diese Kinder nicht, so dass sie meist nicht lesen oder schreiben lernten. Diese Form der Kinderarbeit war bis in die Dreißigerjahre des 20.Jahrhunderts in Süddeutschland weit verbreitet. Die Kinder wurden auf ihrem Weg aus Norditalien oder Tirol von einem Erwachsenen begleitet, häufig ein Priester. Die Strecke muss eine Tortur gewesen sein, führte sie über Schnee und Eis, die Kinder waren häufig nur dürftig bekleidet, hatten schlechtes Schuhwerk. Hinzu kamen ein fremdes Land, häufig böse Herren, Heimweh und Hoffnungslosigkeit. In einem aktuellen Projekt reiht und analysiert die Europäische Union Daten dieses Schandflecks oberschwäbischer Geschichte (www.schwabenkinder-eu.de).

Zurück zu mir: Meine Tour war nicht geführt und auch nicht in einer Gruppe. Ich mache meinen Weg selbst, unterstützt durch perfekte Unterlagen. Ich habe mich bewusst für dieses Modell entschieden. Ich wollte keinen Wanderführer und auch keine Gruppe. Dafür bin ich zu individualistisch und gruppenunverträglich veranlagt. Ich bin vom Wesen eher Einzelgängerin (welch herrlich treffendes, doppeldeutiges Wort) und wünschte mir Stille und innerliche Einkehr. Anfangs war geplant und gebucht, dass eine Bekannte mit mir geht, aber diese machte früh einen Rückzieher. Sofort war für mich klar: Dann mache ich es allein, ich suche keinen neuen Wanderpartner. Der einzig vorstellbare Begleiter, mein Mann, schied aus Gesundheitsgründen aus. Jeden Tag habe ich in tiefster Überzeugung gespürt, dass dieser Alleingang für mich richtig und gut ist.

Keine Kompromisse. Ich bestimme, wann es morgens losgeht. Ich gehe mein Tempo. Ich mache Pausen, wie es für mich passt. Ich erlaube mir Kapriolen. Ich bin Genusswanderin.

Ebenso war es für mich richtig nicht in Hütten, sondern in Gasthäusern oder Hotels zu übernachten. Ein wunderbarer Luxus, weder Schlafraum noch Sanitärräume mit Fremden teilen zu müssen. Ich hatte in sechs Orten Übernachtungen, allesamt Häuser mit fabelhaften Matratzen und sehr gutem Frühstück. Am Abend habe ich mich selbst versorgt, entweder a la carte in Restaurants gegessen oder eine Brotzeit aus dem Supermarkt (mpreis) auf dem Zimmer.

Tagsüber habe ich selten gegessen, ich hatte keinen Hunger. Das ist echt ungewöhnlich für mich, denn nie habe ich beim Frühstück übermäßig viel gespeist. Ich kann nicht auf Vorrat essen, ein zu voller Bauch drückt mich unterwegs. Allerdings habe ich täglich zwischen 3 und 5 Litern getrunken, ich war stets durstig und habe außerordentlich viel geschwitzt. Kurz dachte ich, das sei ein Zeichen für mangelnde Fitness, aber dann habe ich an meine Ausbildung als Übungsleiterin beim Sportbund erinnert. Trainierte Menschen schwitzen in der Regel schneller, weil die Wärmeregulation des Körpers trainierter ist. Ich lebe schon im Ruhezustand mit einer eher höheren Körpertemperatur (37 Grad), also schwitze ich bei weiterer Erwärmung leichter. Schwitzen ist gut, wenn der Körper dabei nicht zu viele Nährstoffe verliert, ich habe hier durch tägliche Einnahme von hochwertigem Magnesium gegengesteuert und gutes Mineralwasser getrunken. Tatsächlich hatte ich nie Muskelkater oder Muskelkrämpfe.

Den fehlenden Hunger führe ich auf zwei Dinge zurück. Oft war der Körper im Flow. Flow ist ein Begriff aus der Glücksforschung, das englische Wort flow bedeutet fliessen. Flow ist immer Weltvergessenheit, Bedürfnisse treten zurück (Hunger, Durst, Toilettengang, Zeitgefühl, Schlaf). Ein besonders intensives Flow-Erleben fanden Forscher bei den Menschen, die sich bis an die Grenze ihrer physischen, psychischen und mentalen Möglichkeiten verausgaben. Sie erklären das damit, dass die extreme Herausforderung durch eine außerordentliche Tätigkeit deshalb eine intensive

Ausschüttung von Glückshormonen bewirkt, weil der Handelnde spürt, dass seine Leistungsfähigkeit auch einer unglaublich schwierigen Aufgabe noch gewachsen ist. Dieses Glücksgefühl habe ich mitunter gespürt, aber der Übergang zum Stress für den Körper war fließend. Manchmal habe ich auch meine eigene Grenze schmerzhaft überschritten auf dieser Wanderung und ich denke, da haben mich die Stresshormone geschützt. Adrenalin hat mich wach und fokussiert gemacht, die Rumpfmuskulatur bekam Energie, der Rest wurde eher abgeschaltet ("Tunnelblick), was auch den Hunger abschaltete. Der Körper war extrem gefordert, er konnte jetzt nicht noch unnötig Energie für Verdauung aufbringen. Das körpereigene Cortisol sorgte dafür, dass nichts wehtat. Am extremsten Wandertag fröstelte ich nach der Rückkehr ins Hotel sehr. Ich führte das auf die Anstrengung und das Schwitzen zurück, aber eine ausgiebige warme Dusche brachte keine Besserung. Ein inneres Frieren blieb und wich erst nach einem warmen Abendessen. Tiroler Speckklöße, Rindergulasch und Salat. Hier brauchte der Körper wieder den Verbrennungsofen. Mich hat wieder einmal aufs Neue fasziniert, wieviel natürliche Körperweisheit wir doch alle haben, es braucht nur das deutliche Hineinspüren und Verstehen von dem, was der Körper uns sagt.

Eine dritte Erklärung für den Nicht-Hunger will ich auch nicht vorenthalten. Am Abend des vierten Wandertages wartete in Naturns im Kleinkunst Hotel eine herrliche Überraschung auf mich. Meine Freundin Karin, selbst erprobte Alpenüberquererin, hatte eine Massage für mich gebucht. Behandelt hat mich Bettina Christanell, Inhaberin von www.auszeit.it - sie ist weit mehr als Masseurin. Mentaltrainerin, Coach, Hypnotiseurin, Reikimeisterin. Wir hatten eine wunderbare Stunde zusammen, haben uns auf Anhieb prächtig verstanden, gleiche Schwingungen, good vibrations. Bettina empfand mich auf der spirituellen Ebene sehr gefüllt von sättigender Lichtenergie (Prana) und auf der bodenständigen Physioebene bemerkenswert weich und entspannt in der Muskulatur und im Weichgewebe. „Was hast Du getan, dass Du nach der Woche noch so weich bist?", fragt sie mich.

Ich bin ohne Druck gewandert. Ich hab alle Entscheidungen erst im Moment getroffen. Keine Vorfestlegungen. Kein inneres Drehbuch. Keine Verbote, keine Gebote. Gelingen erlaubt. Scheitern erlaubt. Alles darf, nichts muss. Nur schauen, was passiert und dann entscheiden. Gelebte Achtsamkeit. Nur im Hier und Jetzt. So bin ich den Weg gegangen. Ich habe ihn geschafft. Nicht ohne Mühe. Aber ohne Druck. Das wird mir bewusst, als ich in Meran einen anderen Wanderer treffe. Er hat den gleichen Weg gemacht. Single, um die 50, sportlich, früherer Marathonläufer, Polizist. "Hast Du heute auch durchgezogen?", fragt er mich. "Nein. Durchgezogen hab ich nicht. Wenn Du meinst, ob ich die 20 Kilometer geschafft habe: Ja."

Ich bin nämlich kein Typ für Durchziehen. Dafür bin ich nicht ehrgeizig und leidensgewillt genug. Im Grunde mag ich hohe körperliche Anstrengung auch nicht. Ich hab das nie gelernt, nie trainiert. In meiner Ursprungsfamilie macht bis heute keiner Sport. Die wenigsten können schwimmen, noch nicht mal alle Fahrrad fahren. Ich habe beides in der Schule gelernt, aber die Sportstunden gehasst. Ich war ein unsportliches Kind, besaß weder Ski noch Rollschuhe, ich konnte sportlich nichts außer Gehen. Darin war ich allerdings geübt, täglich mindestens acht Kilometer, denn wir wohnten einsam abseits des Dorfes und mein Schulweg war lang. Sportlehrer mögen keine unsportlichen Kinder und waren zumindest in den 60er Jahren auch keine begnadeten Pädagogen. Ich hab mich so auf dem Niveau einer schlechten "befriedigend" durchgemogelt, keine einzige Urkunde bei den Bundesjugendspielen bekommen. Auch an der Uni sollte sich das nicht ändern, kein Unisport. Mein Unisport war Feiern. Tanzen mochte ich immer, freies Tanzen, kein Paartanz, die Tanzschule hatte ich nach dem ersten Abend geschmissen. Ebenso wie die Mitgliedschaft im Tennisverein. Alle meine Schulkameradinnen waren dort, ich bettelte daheim, dass ich auch darf. Aber leider fand ich den Tennislehrer und sein Porschecabrio sehr schnell beknackt, obwohl ihn sonst alle anhimmelten. Wir hatten wenig Vergnügen miteinander. Nach einem Vierteljahr tauschte ich in der Schule meinen Tennisschläger gegen acht Zappa LPs. Ich halte das bis heute für ein sehr kluges Geschäft.

Im Grunde bin ich eine Hedonistin. Keine rücksichtslose Spaßegomanin, aber durchaus lustorientiert.
Hedonisten sind in unserer Gesellschaft nicht besonders hoch angesehen, was ich übrigens für eine fatale Fehlentscheidung halte. Hedonisten sind nämlich friedliche Wesen. Mich motiviert Vergnügen. Da bin ich nah bei dem Satz, der Buddha zugesprochen wird: The purpose of life is to be happy. Ich bin äußert undiszipliniert, preußische Tugenden gehen mir ziemlich ab. Ein früherer Chef hat mich mal in einer Laudatio als weit überdurchschnittlich fleißig bezeichnet, aber er irrte. Ich bin tendenziell eher faul als fleißig. In jenem Unternehmen der Sozialbranche habe ich damals so viel und so gut gearbeitet, weil es mir wahnsinnigen Spaß machte und mich erfüllte. Ich konnte mich total mit dieser Arbeit identifizieren, sie war keine Arbeit für mich, keine Mühe, keine Pflicht. Im Freundeskreis witzelte ich manchmal, dass ich gutes Gehalt bekam, obwohl es sich für mich so anfühlte, als müsse ich eigentlich Vergnügungssteuer zahlen. Unter solchen Bedingungen bin ich zu Außergewöhnlichem fähig und ich suche zeitlebens solche Bedingungen. Und mir war von Beginn an klar: Meine Alpenüberquerung würde ich nur durch Lust, nicht mit Disziplin schaffen.

Ich muss meine Motivation stets kreieren, mich selbst motivieren. Das macht mich sehr unabhängig.
Motivation von außen führt bei mir selten zum Erfolg.

Ein Bandscheibenvorfall circa 2008 hatte mich zur Reha in ein Fitnessstudio gebracht. Sehr bald wurde einer der

Trainer auf mich aufmerksam und bemerkte, welche Gewichte ich mühelos bewegen konnte. Und zum ersten Mal in meinem Leben bestaunte jemand eine körperliche Fähigkeit von mir und nannte mich sportlich begabt. Wer Bilder von Diskuswerferinnen oder Gewichtheberinnen kennt, ahnt dass Kraft nun nicht unbedingt die bevorzugte sportliche Begabung von Frauen ist. Aber sie ist meine. Das Leben ist kein Wunschkonzert. Mein Trainer haderte sehr damit, dass dies zuvor niemand erkannt hatte. Er malte aus, was bei entsprechender Förderung alles hätte gelingen können im Sport. Ich aber durfte jetzt guten Gewissens einen Satz aus meinem Repertoire streichen: Ich bin nicht sportlich. Denn dieser Satz entsprach nicht der Wirklichkeit, war nur ein Glaubenssatz. Es war wie ein Durchbruch. Mit knapp 50 machte ich eine Übungsleiterlizenz beim Sportbund, mit Abstand die Älteste in einem Crashkurs. Danach turnte ich mit Kindern, walkte mit Depressiven oder Angstpatienten, tanzte mit dementiell veränderten Menschen, wanderte mit Trauernden. Eine neue Vera. Ich begann privat mit meinem Mann zu wandern. Er hatte dies stets geliebt, aber meinetwegen eingestellt. Den Rest, liebe Leserin, lieber Leser, wissen Sie nun schon: Rothaarsteig, Traumpfade, Goetheweg über die Alpen......

Ich wusste, dass ich mich gut auf die Alpenreise vorbereiten musste. Gebucht habe ich schon im Januar 2022, um mir selbst einen Rückzug zu verbauen. Und schon im März, ein halbes Jahr vor Reisebeginn, begann ich mit dem Training. Der Übungsleiterkurs hatte mich gelehrt, wie man systematisches Training aufbaut und ich hatte für mich drei Baustellen erkannt. Ich brauchte mehr Fitness, ich musste die Füße an lange Strecken gewöhnen und auch an meiner Höhenangst arbeiten. Dooferweise war und bin ich übergewichtig, ich begann das Training mit über 94 kg bei einer Körpergröße von 1,72, das war ein Body-Mass-Index über 30. Adipositas.

Schnell gingen mir die vielen Kilos bei Aufstiegen auf die Nerven und mit bisschen Kalorienzählen und viel Bewegung verlor ich über neun Kilo bis zum Wanderstart. Das war zwar weniger als beabsichtigt, aber immerhin so, als müsse ich einen fast vollen Eimer Wasser weniger mit mir rumtragen. Meine Füße waren von Anfang an sehr kooperativ, ich hatte keine einzige Blase zu erleiden. Die Wanderschuhe von Waldläufer waren schon gut eingelaufen, die Wandersocken von Falke schützten den Fuß zusätzlich. Während der Tour habe ich alle Tage die gleichen Socken getragen, nie gewechselt, nicht gewaschen. Sie blieben wegen des Merinoanteils trocken und müffelten nicht. Die Waldläufer sind am vorletzten Tag k.o. gegangen, sie hatten aber auch schon paar Jahre auf dem Buckel. Ich hab sie in Meran zurück gelassen, ich bin keine Sammlerin. Immer gemäß dem Motto: Häng Dein Herz nicht an Dinge. Ich war auf einen möglichen Schuhausfall vorbereitet, hatte noch meine Merino Alpin von Giesswein im Koffer.

Trainiert habe ich in meiner Heimat in einer Mittelgebirgslandschaft, ich wählte Strecken mit anspruchsvolleren Höhenprofilen in Eifel, Westerwald, am Rhein. Gerade der Rheinsteig hat auf seiner so genannten Königsetappe um die Loreley ansehnliche Höhenmeter und hat mich ordentlich gefordert, ebenso der Weg rund ums Weltende in Stein-Wingert im oberen Westerwald. Im Nachhinein allerdings muss ich sagen: Keine meiner Trainingsstrecken hat das Anspruchsniveau mancher alpinen Wandertage abbilden können. Meine milde Höhenangst habe ich an der Hängeseilbrücke Geierlay im Hunsrück neutralisiert.

Ich fühlte mich schon vorbereitet, wusste aber um meine Schwachstelle. Und das ist nach wie vor meine Cardiofitness. Noch immer werde ich schnell hochpulsig. Das ist zu einem großen Teil selbst verschuldet, weil ich Aufstiege viel zu schnell angehe. Ich nehme es mir jedes Mal anders vor, aber dann falle ich wieder in die schlechte alte Gewohnheit zurück. Unbewusst will ich diese Aufstiege wohl schnell hinter mich bringen. Das gelingt mir natürlich nicht, denn bei dem hohen Tempo schlägt mir rasch das Herz zum Hals raus und ich muss stoppen. Der Puls erholt sich zwar rasant schnell in ein paar Sekunden, aber diese Stopps nerven. Ab und an habe ich unterwegs andere Wanderer getroffen, denen es ähnlich ging. Diese führten es auf ihre vorangegangene Coronaerkrankung zurück. Ob ich auch Corona hatte ohne es zu wissen? Liegt es an den Vernarbungen in meiner Lunge aufgrund vieler Lungenentzündungen? Oder bin ich nur einfach noch immer viel zu dick und zu wenig trainiert? Letzteres scheint mir am wahrscheinlichsten. Ich beschließe es nun fürs Erste so hinzunehmen und gehe stop and go die Berge hoch, weil ich es grad nicht anders hinkriege.

Im Kopf dreht ein Satz von Stefan seine Runde: Der Berg fürchtet den langsamen Wanderer. Ich mache Variationen und muss über mich selbst lachen. Ein wenig hysterisch lachen. Was Anstrengung so mit meinem Gehirn macht. Oder ist es die ungewohnte Höhenluft?

Der Berg fürchtet den langsamen Wanderer.

Der langsame Wanderer fürchtet den Berg.

Der Wanderer fürchtet langsam den Berg.

Der Berg fürchtet langsam den Wanderer.

Der Wanderer. Der Berg. Die Furcht. Die Langsamkeit.

Die langsame Furcht.

Die furchtbare Langsamkeit.

Die langbare Furchtsamkeit.

Die sambare Furchtlangkeit.......

O my goodness, ich fasse kurz zusammen, was mich entlastet: Ich bin nicht mehr jung, ich befinde mich 2.200

Meter über N.N., mein BMI ist 28,5. All das führt zu diesen Jandl'schen Gedanken in meinem Kopf. Aber immerhin: Ich denke, also lebe ich.

Was ich eigentlich sagen will: Mei, der Weg war schon sehr anstrengend für mich. Und schön. Und abenteuerlich. Und ermutigend. Und unerbittlich. Und lustig. Und verzeihend. Und einladend. Und sperrig. Und fremd. Und atemberaubend in allen erdenklichen Wortsinnen. So ein Weg ist wie das Leben. Du hast von allem etwas dabei und weißt nie, was Dich nach der nächsten Kehre erwartet. Im Guten wie im Schlechten. Klingt jetzt bisschen wie das mit der Pralinenschachtel von Forrest Gump, gell?

Ich bin übrigens nie abseits markierter Pfade und Wege gelaufen. Viele Strecken waren gar nicht mehr als Weg erkennbar, weil sie durch Geröll oder Wurzelboden führten, aber sie waren am Boden mit Spray, durch Seilsicherungen oder durch Baumhinweise markiert. Eine Einheimische hatte mir eindringlich eingeschärft die Wege nicht zu verlassen, nie den Verlockungen vermeintlicher Abkürzungen zu erliegen. Denn bei Unwetterlagen und Unfällen suchen Bergungskräfte zuerst die Wege ab, das können lebensrettende Minuten an Zeitvorteil sein. Am dritten Spätnachmittag in Landeck gingen Sirenen. Kurz darauf machte es wie ein Lauffeuer die Runde: Ein deutscher Mountainbiker war tödlich verunglückt, zwei Tage zuvor eine Frau am Ortler abgestürzt und heute, fünf Tage nach meiner Rückkehr, lese ich von einem tödlichen Sturz auf der

Zugspitze. 2022 verunglücken mehr Personen tödlich als sonst. So fühle es sich jedenfalls an, sagt meine Masseurin in Naturns. Ich habe Respekt vor der Höhe und begebe mich in keine Waghalsigkeiten. Die Tour selbst hat sowieso nach meiner Einschätzung nur zwei mögliche heikle Stellen: Einmal beim Erklettern des Dreiländersteins und einmal zu Beginn des Meraner Höhenwegs. Diese beiden Stellen habe ich ausgelassen, dazu später mehr. In der Teufelsschlucht - sprich Leutaschklamm - ging es zwar auch in großer Höhe auf schmalen Stegen oder Brücken durch das Gelände, aber das war vortrefflich gesichert.

Meine Wanderunterlagen haben ausdrücklich auf besondere Schwierigkeiten hingewiesen und für diese Fälle optionale Wege aufgezeigt. So wird beispielsweise an Tag 3 gebeten, den Aufstieg auf den Dreiländerstein nur zu machen, wenn man konditionell noch ausreichend Reserven hat und das Wetter stabil ist. Der Aufstieg ist so steil, dass man ihn quasi auf allen Vieren bewältigen muss und schätzungsweise die Hälfte der Wanderer wählt den optionalen Weg. So auch ich.

Lektionen dieser Wanderwoche sind für mich:

- Kann ich nicht mehr oder will ich nicht mehr?

- Gehe ich zu streng oder zu lasch mit mir um? Oder beides? Oder keines von beidem?

- Ist jede meiner Entscheidungen gleichermaßen legitim? Wer ist die Instanz der Legitimität?

- Muss ich Entscheidungen rechtfertigen? Vor wem ? Warum ? Warum nicht?

Diese Fragen haben nicht nur mit meiner Wanderwoche zu tun. So ein Berg spiegelt das Leben, spiegelt mein Leben. Ich werde innerlich ganz ruhig und versöhnt mit mir. Ich habe im übertragenen Sinn schon genug Gipfel erstürmt, ich habe faszinierende Abenteuer und Einblicke erlebt. Jetzt muss ich nicht mehr in jedem Drama mitspielen, so ein ruhiger Höhenweg hat auch was. Und von Fall zu Fall kann ich ja immer noch mal sporadisch ganz oben mitspielen. Aber nur, wenn ich will. Ich muss gar nix.

Diese Erkenntnis ist eher banal. Das denken Sie möglicherweise. Ja und nein. Im Grunde sind alle Erkenntnisse stets banal. Aus einer Banalität wird dann eine Erkenntnis, wenn man sie leibhaftig spürt, fühlt, lebt. Wissen allein reicht zum Erkennen nicht aus, es braucht noch eine andere Ebene. Eine spirituelle Andockung, ein Verbundensein.

Da ist Wandern ein tolles Medium, das gleichmäßige Setzen eines Fußes vor den andern wird nach ein paar Kilometern zum Selbstläufer (Lassen Sie das Wort mal auf sich wirken. Kennen Sie Selbstläufer in Ihrem Leben?) Du denkst nicht mehr übers Gehen nach, Du gehst einfach, wirst gegangen. Es ist meditationsgleich (sofern es nicht zu anstrengend ist), der Geist ist leer. Ich komme in Bewegung viel leichter in einen meditativen Geisteszustand als im Sitzen oder Liegen.

Diese Leere des Geistes gibt mir ein unbeschreibliches Gefühl von Freiheit in Verbundenheit.

Aber jetzt nochmal zurück zum Anfang. Ich hab viel über mein geplantes Vorhaben erzählt. Das war meine zweite Sicherung vor einem möglichen Rückzieher. Womit ich nicht gerechnet hatte, war dass ein Meer von Ratschlägen über mich hinweg rollen würde. Ich hab das nicht gut ausgehalten, denn ich selbst bemühe mich seit geraumer Zeit unerbetene Ratschläge zu unterlassen. Auch Ratschläge sind Schläge. Das ist ein alter Therapeutenspruch und ganz viele Ratschläge habe ich genau so empfunden. Der Rat-Schläger erhöht sich selbst im Sinne der Transaktionsanalyse ins Eltern-Ich. Dort wahlweise fürsorglich, streng oder strafend. Ich habe alle drei Varianten erlebt. Einige Kostproben gefällig?

- Übe Aufstiege!

- Übe Abstiege!

Zwei phänomenal wichtige Tipps für eine, die eine Alpenüberquerung vorbereitet. Darauf wäre ich ja ohne Ratschlag nie gekommen ☺ Für wie naiv oder dumm muss mich dieser Mensch halten? Wie überlegen fühlt dieser Mensch sich?

- Ich halte Deine Schuhwahl für falsch. Komm ja nicht hinterher an und heule.

Auch hier schlägt das Eltern-Ich ordentlich zu. Ich weiß besser, was für Dich gut ist als Du selbst. Ich habe kein Mitleid mit Dir, wenn Du Fehler machst. Solche Eltern wünscht sich keiner.

- Was sagt denn Dein Mann dazu? Ich würde diese Tour meinem Mann nicht erlauben.

Hier will sich ein Eltern-Ich mit einem anderen Eltern-Ich (Partner) verbünden. Doof nur, dass mir keiner was verbieten kann. Denn die Eltern-Ichs sind nicht meine Eltern und ich bin kein Kind mehr. Unnetter Versuch.

Alle beteuern sicherlich nur mein Bestes zu wollen. Widerspenstig will ich antworten: Ihr werdet es nicht bekommen! Ich muss mich tatsächlich sehr disziplinieren auf die ganzen Ratschläge hin nicht ins angesprochene Kind-Ich zu fallen und trotzig-rotzig-frech zu reagieren.

Kind-Ich kann ich nämlich richtig gut.....

Verteilen Sie auch gerne unerbetene Ratschläge? Übertragen Sie Ihre Ängste auf andere?

Es gab noch eine weitere Fraktion, die Abwerter.

Die haben mich eher amüsiert.

Weil manches einfach hanebüchener Unsinn ist.

Wer ungefragt andere abwertet, hat ganz andere Probleme mit sich selbst als ich am Berg.

Ich habe nie vorgehabt Reinhold Messner Konkurrenz zu machen.

Beispiele gefällig?

Das ist ja gar keine Alpenüberquerung ohne Kletterpassagen.

Wer nicht in Hütten übernachtet, ist kein richtiger Wanderer.

Was, für 100 Kilometer eine ganze Woche? Ich bin mal 50 Kilometer an einem Tag gewandert!

Viele haben mich aber auch ermutigt.

Karin hat mir täglich eine Guten-Morgen-Gute-Laune-Message oder Songs geschickt, Regina hat mit Nachrichten mein Ego gestreichelt, Stefan und Ursula hatten mir vorab aus ihrer eigenen Wanderpraxis in dem Gebiet nützliche Tipps gegeben. Ich hatte immer das Gefühl, dass ich in einen schützenden Mantel guter Wünsche gehüllt bin. Am Abend hätte ich mich manchmal gern ausgiebig mit jemand über den Tag ausgetauscht, das konnte ich dank social media teilweise stillen. Einsam hab ich mich nie gefühlt, obwohl ich bis auf eine einzige Ausnahme von fünf Kilometern von Reschen nach Graun stets allein gegangen bin. Zum einen trifft man immer wieder andere Wanderer auf der Strecke und viele haben Lust auf einen Plausch. Andererseits bin ich ein kommunikatives Menschenkind und ich komme überall mit Fremden leicht ins Gespräch.

Besonders witzig war das in Mittenwald. In meinem Hotel war eine urige Gaststube, nicht sehr groß. Darum saß man mit anderen Menschen gemeinsam an Tischen, in meinem Fall mit zwei Ehepaaren aus Mainz und Köln. Diese Rheinländer, auch nicht schüchtern und redefaul, und ich hatten uns viel zu erzählen, später spielte uns der Senior des Hauses noch auf dem Schifferklavier vor. Zum Frühstück ertönte ein freudiges "Guten Morgen, Vera!" von vielen Seiten. Die Bedienung lachte und sagte, es fühle sich an als ob ich schon drei Wochen hier sei.

Ich hatte so gut geschlafen. Mein Einzelzimmer hatte Balkon mit Karwendelblick, auf dem Holztisch stand eine Karaffe mit Edelsteinwasser, es duftete nach Zirbelholz und mein Bett war jahrhundertealt mit einem handgeschnitzten Kopfteil, welches ein sonniger Engel zierte.

Heute sollte es nach Leutasch gehen, hinüber nach Tirol. Ich richtete meinen Rucksack und brachte den Koffer zur Rezeption, wo er jeden Morgen bis 9:00 Uhr für das Koffertaxi stehen musste. Da fiel mir auf, das hier locker 20 solcher Koffer standen, aber das war im

Wesentlichen eine Radgruppe von Eurohike und eine Gruppe von sechs Osnabrücker Frauen, den Bergziegen, wie sie sich selbst auf ihren einheitlichen Shirts nannten.

Meinen Rucksack habe ich gleich am ersten Tag verschlankt, der war mir schon am Reisetag mit den vielen Umstiegen in Bahn und Bus zu schwer geworden. Ich glaube, das geht allen Langstreckenwanderern so, dass der Rucksack immer leerer wird. Wobei ich nicht jeden Morgen die richtigen Entscheidungen getroffen habe. Oft brauchte ich am selben Tag sowohl Regenjacke, als auch Sonnenschutz, hatte aber nur eines dabei.

Was kann weg in so einem Rucksack? Gesetzt ist das Trinkwasser, habe mich ohnehin schon auf 1,5 Liter begrenzt, was sehr wenig für mich ist. Auch das Handy muss bleiben, Energieriegel auch. Aber ich habe zwei Taschen mit Sicherheits- und Medizinequipment (Pflaster, Blasenpflaster, Sonnenmilch, Fliegenspray, Cortisonsalbe, Desinfektionsmittel, Regenschim, Schmerztabletten) dabei, da muss einiges weichen. Innerlich schmunzele ich. Es ist ein Dauerthema für mich: Sicherheit versus Freiheit. Wieviel Sicherheit, vermeintliche Sicherheit, gebe ich zugunsten der Freiheit meines Rückens auf? Wie viel Freiheit gebe ich zugunsten meiner Sicherheit auf?

Wer mich kennt, weiß wie es ausgegangen ist. Die Freiheit hat selbstverständlich gesiegt. Und siehe da: Ich brauchte nie eines der Pflaster, Tabletten oder

Salben. Selbst mein Portemonnaie (Krankenversicherungskarte, Organspendeausweis, Notfallpass, EC-Karte) kam in den Koffer, immer nur 20 Euro und den Personalausweis im Brustbeutel.

Noch ein Wort zu Beobachtern meiner Reise. Dutzendfach ist es mir passiert, dass Frauen sagten, sie würden sich das nie trauen. Andere meinten ich sei ein großes Vorbild. Ich habe das beides bis jetzt nicht richtig verstanden. Ich habe jedes Mal gefragt, was denn beängstige oder hindere? Angst vor einem Überfall, vor einem Unfall? Das verneinten die Frauen. Was also ist es dann? Das Alleinsein hindere sie, sagten die Frauen. Manche konnten sich schon nicht vorstellen so lange Zeit zu schweigen. Andere meinten, der Gedanke alle Entscheidungen alleine zu treffen, sei furchtbar. Kein einziger Mann hatte diese Bedenken. Diese Furcht vorm Alleinsein scheint mir typisch für Frauen meiner Generation, ich hoffe sie bei jungen Frauen seltener zu finden. Viele meiner Geschlechtsgenossinnen gleichen Alters haben nie Autonomie gelernt und erlebt. Autonome Frauen sind gesellschaftlich lange unerwünscht gewesen. Eine autonome Frau ist dem Wortsinne nach unabhängig, kann sich selbst ernähren, braucht keinen Versorger und duldet keinen Bestimmer. Sie gibt Verantwortung über sich ungern in fremde Hände, sie kann gut und intuitiv Entscheidungen treffen.

Was sich so großartig anhört, ist bei mir nicht automatisch passiert. Ich zum Beispiel habe Autonomie durch schlechte Erfahrungen mit Menschen lernen müssen um den Kopf über Wasser halten zu können, aus Not ist meine Autonomie geboren. Und wie jede Geburt war auch diese mit großen Schmerzen verbunden. Heute würde ich sie um kein Geld der Welt wieder hergeben. Meine Unabhängigkeit ist mir sehr wichtig. Warum nur wagen sie nicht mehr Frauen? Werden Sie auch von ihren Partnern gehindert? Von ihrer monetären Abhängigkeit? Oder sind nur zu viele eingelullt von unserer Erziehung, der schwarzen Pädagogik der 50er und 60er Jahre, halten sich selbst für schwache kleine Frauchen? Macht Unabhängigkeit unsexy? Man verstehe mich bitte nicht falsch: Ich erwarte von gar niemand, dass er oder sie Ähnliches tue wie ich. So wichtig nehme ich mich dann doch nicht. Ich will nur verstehen, was Frauen dazu bringt zu sagen und zu meinen, dass sie sich Dergleichen nicht trauen würden. Nun aber zur Reise, endlich!

Von Mittenwald nach Leutasch

Nach der ersten Übernachtung starte ich in Mittenwald, das mein Herz im Sturzflug erobert hat. Mittenwald ist ein Ort im oberbayerischen Landkreis Garmisch-Partenkirchen, unmittelbar an der österreichischen Grenze gelegen und der höchste Luftkurort Deutschlands. Hier war dereinst ein Handelsort, ein Umschlagplatz für Waren aus dem Süden und die einst wohlhabenden Zeiten sieht man Mittenwald noch heute an. Feudale Bauten mit unvergleichlicher Fassadenmalerei (Lüftlmalerei) versetzen noch heute die Besucher in verzücktes Staunen. Zudem hat Mittenwald eine berühmte Geigenbautradition, noch heute gibt es einige Werkstätten. i

Gleich zwei Gebirgsketten umrahmen den Ort, die Isarquelle ist nah. Garmisch-Partenkirchen ist vielleicht berühmter, aber für mich ist Mittenwald viel lässiger, moderner, frischer, echter. Hier komme ich bestimmt nochmal hin. Und das schreibe ich, die ich mit Bergen wirklich nicht viel am Hut habe und doch viel mehr ein Kind des Nordens bin mit ewigem Seelenhunger nach Nordseeluft. Hinzu kommt, dass das Karwendelgebirge eine weitere Sensation ist. Diese hellen Berge der Kalkalpen machen wirklich Eindruck, haben eine ganz eigene Schönheit.

Vor mir liegt eine etwa fünfstündige Wanderung über 14 Kilometer. In den Alpen macht man weniger Stundenkilometer als im Flachland, zuhause würde ich 14 Kilometer in unter drei Stunden gehen. Ich bemerke schon am ersten Wandertag, dass die in den Wanderunterlagen angegebenen Zeitdauern eher knapp bemessen sind.

Die Tour gilt als gemütlich, es sind bloß 200 Höhenmeter zu bewerkstelligen. Abgesehen von der Leutaschklamm zu Beginn gibt es keine nennenswerten Steigungen, aber die 200 Höhenmeter sind in ein kurzes Stück Weg gepackt, es geht ordentlich hoch zum Einstieg in die Schlucht. Ich schnaufe zum ersten Mal tüchtig und wundere mich, was man so alles gemütlich nennt. Und schon jetzt lerne ich Wurzelsteige kennen, die mich die Woche noch häufig quälen werden. Wurzelsteige sind im Grunde Naturtreppen mit sehr schiefen, unebenen und ungleich hohen Stufen. Manche Tritte sind so hoch, dass ich mich kaum hochbugsiert bekomme, paar Tage später im Unterengadin muss ich manche Stufen auf allen Vieren bewältigen, wofür ich sicher keine Anwärterschaft auf einen Anmutspreis erworben habe. Wurzelsteige sind gemein.

Aber zurück zur Leutaschklamm, die auch Teufelsschlucht oder Geisterklamm genannt wird. Noch nie zuvor habe ich eine derart schöne Klamm gesehen. Man begeht die Klamm viel höher als üblicherweise andernorts. Der obere Klammsteig besteht aus durchsichtigen Metallgittern, es gibt überall Gitternetze oder Geländer als Schutz vor Absturz. Immer wieder kommen mir Wanderer entgegen, die ihre Hunde tragen, oft auch recht große. Viele Tiere verweigern offenbar den Gitterboden.

Schwindelfrei sollte man hier schon sein, ansonsten muss man den Ausweichweg über das Gletscherschiff nehmen. Auf dem Weg gibt es zwei schmale, sehr hohe Brücken. Dort ist der Boden aus undurchsichtigen Metallplatten. Die Aussicht in die Schlucht ist umwerfend, die Leutasch glitzert in den tollsten Türkistönen, immer wieder gibt es Wasserfälle und die Wassermassen tosen laut durch die Felsen. Ich

Ich erreiche die Panoramabrücke. Im Internet habe ich ein Foto von ihr gesehen. Ich muss sie nicht zwingend begehen. Allein der Anblick macht mir schon ein mulmiges Gefühl in den Gedärmen. Ich bleibe in sicherer Entfernung und fotografiere, als mir plötzlich eine wildfremde Motorradbraut im Lederanzug das Handy beherzt aus den Fingern nimmt. " Los, auf die Brücke mit Dir," sagt sie lachend in breitem Frankfurter Dialekt und ergänzt: "Manchmal muss mal auch mal gegen sich gehen. Ich knipps Dich aach!"

Vorsichtig wandele ich auf die Brücke. Hilfe, die wackelt ja! "Noch paar Schritte bis zur Mitte und dann mal die Hände in die Luft. Weg vom Geländer, sonst denken die ja daheim, Du hättest Schiss, " ruft meine energische Fotografin. Und ab dann hab ich Spaß. Hände in die Luft, Sambaschritte, Frankfurt lacht. Ich danke ihr noch heute für ihre beherzte Intervention. Denn einen Kilometer später kommt eine zweite Brücke und die ist nicht mehr optional. Wer die nicht schafft, muss den ganzen Weg zurück. Davon stand nix im Reiseführer. Zum Glück.

Ich hab zum ersten Mal Hochgefühle. Ich hab eben meine Komfortzone verlassen. Ich habe die Schlucht geschafft. Nein, nicht nur geschafft, ich habe sie genossen. Lauter Sambamelodien im Kopf. Karneval in Rio im Herzen. Dabei bin ich doch in Österreich. Darauf macht mich die auf einen Baum aufgemalte Landesflagge aufmerksam. Ich habe die Staatsgrenze überschritten.

Am Klammende gibt es das Klammstüberl, ich kehre ein. Ich brauche eine Toilette und eine Holunderschorle. Am Nachbartisch ein Münchner Ehepaar mit Motorrädern.

Wir plaudern. Die beiden wollen zum Stilfserjoch und dann heute noch nach Meran. "Wenn Du magst, kannst Du bei mir aufsatteln," sagt der Mann. "Ich hab noch einen Helm dabei." Ich widerstehe und setze meine Wanderung fort.

Ich trete ein in ein traumhaftes Hochtal und idyllisches Bauernland auf 1.200 Metern Höhe, das 16 Kilometer lang ist. Eingerahmt von traumhaften Gebirgsketten schlendere ich nach Weidach, einem Ortsteil von Leutasch. Zu meiner linken thront das Wettersteingebirge mit dem Öfelekopf (2478 Meter), rechts das eindrucksvolle Karwendel mit der großen Ahrnspitze (2196 Meter). Meinen Wanderweg begleitet heute die Leutasch, ich wechsele häufig die Flussseiten. Los geht es für wenige Meter auf der Landstraße, vorbei am alten Grenzhäuschen. Immer wieder erinnere ich mich an die Zeiten von Grenzkontrollen, ehe es dieses offene Europa gab und ich kann nicht genug dankbar sein dafür. Rechts erblicke ich auf einem Wiesenstück Ruinenteile. Sie stellen sich bei näherer Betrachtung als Überreste der Porta Claudia dar. Was so lateinisch klingt und auf die Römerzeit hinweisen könnte, ist viel jüngeren Datums. Die Porta Claudia ist eine ehemalige Befestigungsanlage an der Engstelle des Scharnitzpass.

Im Jahr 1632 erhielt Tirol das Recht, zum Schutz vor den vorrückenden Schweden im Dreißigjährigen Krieg die Grenzbefestigung Porta Claudia zu erbauen.

Der Bau wurde von Claudia de' Medici, Erzherzogin von Österreich und Landesfürstin von Tirol, als Befestigung des wichtigen Übergangs von Bayern nach Tirol in Auftrag gegeben und nach ihr benannt.

Goethe beschrieb die Grenze 1786 in seinem Reisebericht nach Italien als „mit einem Walle geschlossen, der das Tal verriegelt und sich an die Berge anschließt."

Während des Feldzuges Napoléons gegen Österreich im Jahr 1805 belagerten die französischen Truppen die Pässe Scharnitz und Leutasch auf der bayerischen Nordseite. Teil der Porta Claudia waren dabei nicht nur die Befestigungsanlagen bei Scharnitz, sondern ebensolche wenige Kilometer westlich am Beginn des Leutaschtals, die Leutascher Schanz. Das ist der Punkt, wo ich gerade auf meiner Wanderung gelandet bin.

Der französischen Armee mit mehr als 8000 Soldaten standen damals wackere 2200 Tiroler gegenüber. Von ortskundigen Mittenwaldern geführt (Bayern stand auf der Seite von Napoléon Bonaparte), konnten die Franzosen den Österreichern am 4. November 1805 unverhofft in den Rücken fallen. Dadurch konnten sie zuerst die Leutascher Schanz und dann über Seefeld auch den Scharnitzpass erobern und so ins Inntal und nach Innsbruck vordringen. Der seitlich am Grünkopf vorbeiführende Steig wurde infolge dieser Kriegslist Franzosensteig benannt (als solcher ist er auch in heutigen Wanderkarten eingetragen). Angeblich wurde beim Einfall der Truppen über den Steig nach Leutasch nur ein einziger Schuss aus einer Kanone abgefeuert. Die Kanonenkugel schlug im Gasthaus zur Mühle ein, wo sie von der Wirtin noch heute aufbewahrt wird (wikipedia).

Davon habe ich mich nicht selbst überzeugt, ich würde ja nie ankommen, wenn ich alle paar Kilometer in ein Gasthaus einkehre. Nach der Niederlage von Austerlitz und dem Frieden von Pressburg zwischen Österreich und Frankreich musste Österreich die Grafschaft Tirol und Vorarlberg an Bayern abtreten und Kaiser Franz II. musste Napoléon als Kaiser anerkennen. Wie wir heute wissen, war aber auch das nur ein vorübergehender Zustand. Nach der Porta Claudia, die auch das Tor Tirols genannt wird, zeugt auf meinem Weg ein weiteres Monument von den historischen Wirren.

Nach Überquerung der Leutascher Ache wartet der Franzosenstein auf mich. Dann verliere ich kurz den Wanderweg, gehe auf der Straße bis Lochlehn und erkunde den örtlichen Friedhof mit seinen kunstvollen schmiedeeisernen Grabkreuzen vor der mächtigen Bergkulisse. Am Friedhof gibt es eine Holzbank im Schatten, hier trinke ich von meinem Wasservorrat und esse einen Energieriegel. Es ist inzwischen sehr sonnig und überraschend warm geworden, ich bin froh, dass mich der weitere Weg an der Leutascher Ache oft durch kühle und schattige Wäldchen leitet, fast immer mit Blick auf das Flussbett, das nach dem trockenen Sommer 2022 nur wenig Wasser führt. Die Ache ist ja auch gemacht und gedacht für das Schmelzwasser der Berge im Frühjahr. Gleichwohl: In Bayern und Tirol ist es so wohltuend grün, ein einziger Augenschmaus. In meiner Heimat im Südwesten Deutschlands ist längst alles verdorrt und jedes saftige Grün gewichen.

In Weidach brauche ich ein bisschen bis ich meine Pension finde. Auf dem Weg dorthin erblicke ich ein parkendes Auto mit Westerwälder Kennzeichen, dessen Kofferraum soeben ausgeräumt wird. Ich rufe ein freundliches "Hui Wäller" aus und es folgt blitzschnell vom Gegenüber ein "Allemol". So begrüßen wir unsereiner in der Welt. Es stellt sich heraus, dass die Familie aus dem Ort Salz stammt, nur 15 Kilometer von meinem Wohnort entfernt.

Ich habe tatsächlich meinen ersten Wandertag gemeistert. Keine Blessuren. Gute Laune. Mutprobe auf der Brücke bestanden. Selig schlummere ich bereits sehr früh in meiner rot-weiß-karierten Bettwäsche ein. Zuvor hat mir der Abendhimmel noch einen Regenbogen vors Fenster gezaubert und hernach ein Alpenglühen vom Allerfeinsten. Ganz großes Kino! Bilder wie von William Turner gemalt.

Ich glühe ein bisschen mit den Alpen um die Wette, habe mir trotz Lichtschutzfaktor 50 einen leichten Sonnenbrand geholt. Ich nehme mir vor, mich häufiger einzucremen. Was ich aber dann wieder vergessen habe.

Von Leutasch nach Landeck

Als ich am Morgen aufwache, gießt es wie aus Eimern, die Berge von Wolken und Nebel verdeckt. Am liebsten hätte ich mir sofort die Bettdecke wieder über den Kopf gezogen, aber der verflixte Koffer musste ja an die Rezeption. Na Bravo, das fängt ja gut an. In meinem Kopf war nix mehr mit Samba, düstere Wagnerklänge bestenfalls. Im Flur höre ich schon Tellerklimpern und Gelächter aus dem Frühstücksraum. Ach schau an, die Osnabrücker Bergziegen hatten auch hier übernachtet, bleiben sogar eine weitere Nacht um dann nach Garmisch zurück zu wandern. Ich trödele sehr beim Frühstück, trinke zwei große Kannen Earl Grey Tee. Entweder muss ich unterwegs viel schwitzen oder brauche eine Toilette. Ich fang doch grad erst an zu wandern, da kann mir das Universum doch nicht gleich am zweiten Wandertag Wolkenbrüche zumuten, das finde ich unangemessen. Andererseits gibt es keine Alternative, mein Koffer ist schon weg und ich muss ihm irgendwie hinterher. ja

Gegen 9:30 Uhr mache ich mich auf, inzwischen nieselt es nur noch, Kapuze übers Haupt, Cape und Schirm im Rucksack. Heute geht es hauptsächlich bergab. Erst kommt ein kleiner Aufstieg zur Buchner Höhe, einem alten Pass, aber dann geht es hinunter ins Inntal. Insgesamt sind 800 Höhenmeter zu bewältigen, 650 davon bergab, das Ganze auf 14 Kilometern verteilt, veranschlagt mit 4,5 Stunden Gehzeit. Die Strecke beginnt am Weidachsee, im grauen Regenwetter stehen hier jede Menge Anglerinnen und Angler und versuchen ihr Glück.

Mich führt der Weg aufwärts in den Wald, wo ich etwa drei Kilometer weiterwandere. Es ist ein Nadelwald, noch immer sehr neblig und feucht und vor allem sehr einsam und dunkel. Ein klitzekleines Minütchen ist es mir mulmig und ich ängstige mich. Dann aber beruhige ich mich selbst: Wer sollte eine durchnässte 63-jährige überfallen wollen, die sicher keinen Eindruck von Reichtum vermittelt? Als ich gerade darüber nachdenken will, wie wahrscheinlich ein Überfall aus reiner Mordlust wäre, höre ich mehrere Stimmen. Und erblicke kurz darauf fünf Mitzwanziger in Trainingshosen, die mir joggend entgegen kommen, allesamt Männer. Offenbar geht ihnen der Regen ebenso aufs Gemüt wie mir, denn sie singen gemeinsam zu ihrer Motivation. Ich höre eine mir sehr vertraute Melodie.

Una mattina mi sono alzato

O bella ciao, bella ciao, bella ciao ciao ciao

Una mattina mi sono alzato

E ho trovato l'invasor

Hey, das ist Bella Ciao! Das kenne ich seit Kindertagen, habe ich auf vielen internationalen Juso-Camps gesungen. Daheim bei meinen Eltern hatten wir eine Schallplatte von Hein & Oss, da war das auch drauf, auch auf Hannes Waders LP "Arbeiterlieder". Ohne lange nachzudenken, schmettere ich den Jungs den Refrain entgegen.

O partigiano portami via

O bella ciao, bella ciao, bella ciao ciao ciao

O partigiano portami via

Che mi sento di morir.

Wir sind auf gleicher Höhe, sie stoppen.

"Bist Du Italienerin?"

" Nee, ich bin eine deutsche Kartoffel."

" Aber Du singst Bella Ciao. Bist Du Partisanin? "

"Si, claro. Ich bin Partisanin".

Alle lachen wir los, dann laufen wir auseinander.

Aber wir hören einander noch.

E se io muoio da partigiano

O bella ciao, bella ciao, bella ciao ciao ciao

E se io muoio da partigiano

Tu mi devi seppellir.

Über die jungen Italiener habe ich glatt die Gedanken über Mordlust verloren.

Ich sollte im Übrigen generell weniger Krimihörbücher hören.

Ich blicke an mir hinunter.

Braune Stiefel, khaki Wanderhose, grüner Parka, Nickelbrille.

Kein stylisches Wanderequipment.

Mein Cousin Magnus wird mich später foppen, wie ich auf der Wanderung ausgesehen habe.

Wie die Großmutter von Che Guevara. Diese Worte werden tatsächlich fallen.

Si, claro.

Hört denn dieser Wald nie auf? Nach einer gefühlten Ewigkeit bergauf komme ich an eine Straße, die ich zu überqueren habe und darf dann einen Wiesenweg marschieren. Moos heißt der nächste Ort. Mein Kopf beginnt schon wieder unsinnige Verse zu machen. Ohne Moos nix los. Du gehst nach Moos, sag bloß! Iss in Moos doch einen Kloß.

Doch dann schweift mein Blick über die Wiese. Hunderte von Herbstzeitlosen recken ihre Köpfchen zum Licht. Das sind raffinierte Pflanzen, tarnen sich als Krokusse. Sie gelten als besonders ausdauernd, höchst giftig und werden in der Botanik als linksschraubig verdreht beschrieben. Mir fällt es wie Schuppen von den Augen: Ich bin eine Herbstzeitlose. Ich blühe jetzt in meinem Lebensherbst, erstrahle nun. Jetzt ist meine schönste Lebenszeit, ich bin als Septembergeborene sowieso ein Herbstkind. Und natürlich bin ich linksschraubig verdreht, was denn sonst. Schließlich bin ich Partisanin. Zur Giftigkeit schreibe ich nichts, keiner ist gezwungen sich selbst zu belasten. Ich bin plötzlich unbeschreiblich heiter und glücklich und werfe einen schmatzenden Handkuss zum Himmel. Der Regen hat sowieso schon aufgehört.

50 Meter weiter steht mitten in der Landschaft eine Holzbank auf einem Podest. Was hat es damit auf sich? Ich renne hin, besteige das Podest und nehme Platz. Jetzt offenbart sich die Überraschung, es ist eine 360° Bank, das Podest kann sich wie ein Spielplatzkarussell drehen. Mitten im Irgendwo hat mir das Leben ein Spielzeug geschenkt. Ich drehe Runde für Runde, zunächst ganz langsam, dabei sauge ich das gesamte Panorama auf und hoffe es nie zu vergessen. Dann werde ich schneller und schneller bis mir schwindelig wird, ich muss die Augen schließen. Selbst als die Bank schon still steht, wackelt die Welt noch in meinem Kopf. Ich bemerke ein altes Ehepaar, das mich offenbar beobachtet hat. Wo kommen die denn her, eben war es noch so menschenleer. "Darf ich auch mal?", fragt die alte Dame und steigt auf. Ganz zerbrechlich ist sie, aber ich kann in dem Moment sehen, wie sie als Mädchen ausgesehen hat. Ihr Mann schaut ihr voller Liebe zu, wie

sie sich dreht und dabei jauchzt. Ich könnte beide auf der Stelle vor lauter Verzückung knutschen." Ist das Leben nicht herrlich? ", rufe ich ihr zu. Sie nickt und hält ihre Baskenmütze fest, damit die nicht wegfliegt. Besser kann dieser Tag doch nicht mehr werden.

Vorbei geht es an einer Alm mit einer Ziegenherde. Ziegen sind die neuen Kühe. Ganz wenige Rinder sieht man noch, dafür allenthalben Gemecker und viel Gebimmel. Die Ziegen tragen nämlich Bänder mit kleinen Glöckchen um ihre Hälse. Damit ich vor lauter guter Laune nicht übermütig werde, beschert mir der Weg einen neuen Aufstieg über Wurzelsteige. Ich denke, dass es erneut regnet, weil mir dicke Tropfen auf den Körper fallen. Aber es ist kein Regen, es ist mein Schweiß. Menschenskinder, hätte ich doch mehr an der Fitness gearbeitet. Es hilft alles nichts, ich muss ein Schweißband tragen, denn der salzige Schweiß brennt in den Augen. Jetzt sehe ich aus wie Oma Guevara im Aerobic Kurs bei Jane Fonda. In den Bergen darf man nicht eitel sein. Hat Stefan gesagt. Zum Glück kennt mich hier ja keiner. Nur manchmal, manchmal hört es sich so an, als ob eine Ziege lacht.

Ich komme an eine Lichtung, es sind Holzstege durch eine Feuchtwiese verlegt. Ich bin in einem Moorgebiet bei den so genannten Katzenlöchern. Die heißen so, weil es hier dereinst viele Großkatzen gab. Luchse zum Beispiel. Damals war das „Katzenloch" eine häufig genutzte Wanderroute vom Inntal auf das Seefelder Plateau, viele Jäger kamen herauf. Heute besticht das

Gebiet durch eine große Vielfalt an wilden Orchideen. Birken säumen die Stege, auch Schilf.

Meine Gedanken gehen kurz in meine Kindheit. In Schloss Gottdorf bei Schleswig habe ich in einem Museum Moorleichen gesehen. Gruselig. Ich achte daher heute besonders darauf schön brav auf dem Steg zu bleiben. Es wäre doch zu schade, wenn ich jetzt mitten in meiner Blütezeit versinke.

Der Weg wird breiter, grober Schotter. Vor mir die Hohe Munde, ich nähere mich der Passstraße. Die Hohe Munde muss man bewundern. Sie ist mit ihren 2662 Metern ein ganz markanter Berg, ein echtes Prachtexemplar! Und ich hab einen schrecklichen Kaffeedurst. Abhilfe verspricht ein Hinweisschild auf die Ropferstubm, Dienstag bis Sonntag geöffnet. Die zwei Mehrkilometer ist es mir wert. Umso enttäuschender die Ankunft, es ist entgegen der Beschilderung Ruhetag. Eine Aussichtsterrasse mit bunten Sonnenschirmen ohne Besucher, dafür aber mit grandiosem Blick. Aufgeblättert wie ein Buch liegt unten das Inntal vor mir, mittendrin die Stadt Telfs.

Dort muss ich hinunter, es ist erst die Hälfte des regulären Wegs geschafft. Der Abstieg ist steil und recht rutschig und grad als ich durchatmen will, kommt im Abstieg ein Zwischenaufstieg. Ich denke, ich hab ein ziemlich blödes Gesicht gemacht. Mehr als eine Stunde bin ich bergab unterwegs, die Stöcke leisten gute Hilfe. Vom Himmel scheint inzwischen die Sonne mit voller

Kraft und ich hab Durst, denn meine Vorräte sind aufgebraucht.

In Telfs finde ich mich nicht gut zurecht, ich muss zum Bahnhof, der weit außerhalb sein muss. Ich suche im Stadtplan, als mich ein Herr freundlich anspricht. Ich erkläre ihm die Lage. Er antwortet mir nicht, telefoniert stattdessen in einer mir unbekannten Sprache. Rumänisch, wie sich noch herausstellen sollte. Zwei Minuten später hält ein schwarzer SUV mit quietschenden Bremsen direkt vor meinen Füssen, der rumänische Herr öffnet von außen die Beifahrertür und sagt: " Das ist meine Tochter, die fährt sie jetzt zum Bahnhof". Ich bin baff und steige ein. Die junge Frau ist zauberhaft, wir fahren auf die Autobahn Richtung Bregenz. Ich stutze kurz, aber da fahren wir auch schon wieder ab. Der Telfser Bahnhof ist in Pfaffenhofen und eine einzige verwirrende Baustelle mit Notgleisen. Ehe ich mich richtig bedanken kann, ist meine Chaffeurin freundlich winkend genauso schnell wieder verschwunden wie sie vorhin aufgetaucht war. Leute gibt's!

Was es nicht gibt sind Getränkeautomaten, geschweige denn eine Bahnhofsgaststätte. Der Zug nach Landeck geht erst in 50 Minuten. Es ist brüllend heiß, kein Schatten. Ich lenke mich ab und beginne mit Tagträumerei. Pfaffenhofen erinnert mich an Kaiserin Sissi und den ungarischen Grafen und ich sehe vor meinem inneren Auge einen Spielfilm. Immerhin diesmal keine Jandl'schen Verse. Nach kurzer Zeit reißt

49

allerdings die Filmspule jäh ab. Sissi war nicht in Pfaffenhofen, der Ort ihrer Kindheit heißt Possenhofen und liegt am Starnberger See. Ich sollte mit meinem Kopf jetzt echt mal aus der Sonne gehen.

Nach und nach füllt sich der Bahnsteig. Ich habe sehr exklusiv einen Sitzplatz in Form einer kleinen Bank, welche ich einem der am Bahnhof tätigen Schweißer abgeschwatzt habe, es ist deren Pausenbank. Es tauchen etliche Mitwanderer auf: der Berliner Polizist, ein Ehepaar vom Niederrhein und das alte Ehepaar von der Drehbank. Alle wollen wir nach Landeck, leider ist keiner in meinem Hotel untergebracht. Von der landschaftlich reizvollen Bahnstrecke der Arlbergbahn bekommen wir wenig mit, alle berichten von ihren letzten beiden Tagen. In Landeck liegt der Bahnhof wieder weit außerhalb, aber es gibt einen Bus ins Zentrum. Schon im Zug frage ich bei den anderen nach: " Fahren wir oder laufen wir?". Entrüstet schauen mich die anderen an. Natürlich laufen wir. Das berichte ich auch der alten Dame, als wir in Landeck aussteigen. Wo sind denn jetzt der Berliner und die Niederrheiner geblieben? Ich fasse es nicht, die sehe ich im Augenwinkel in den Bus einsteigen, ich hechte hinterher, die Tür ist schon zu, aber der Busfahrer öffnet erneut.

" Sagt mal, Ihr Schweinebackenich denke wir laufen... "

" Das war ganz spontan. Wir kommen hier raus und dann steht da der Bus. Wir haben uns angeschaut und rein. Das war doch ein Zeichen, dass der Bus grad kam... "

" Und Ihr habt nicht zufällig gemerkt, dass ich fehle! Aus den Augen, aus dem Sinn...treuloses Pack ".

" Wo hast Du denn auch gesteckt?"

" Ich hab der alten Dame noch erklärt, dass wir zu Fuß gehen... "

Au Backe. Just in diesem Moment fahren wir an dem alten Ehepaar vorbei. Wie auf Knopfdruck tauchen wir alle vier unter, damit man uns von außen nicht sieht. Vier erwachsene Menschen kauern in einem Tiroler Bus am Boden. Die anderen Fahrgäste schauen uns verwirrt an. Ich muss lachen. Der Niederrheiner sagt: " Ich gebe offiziell zu Protokoll, dass ich mich grad mies fühle ".

Ich muss ja noch eine Fahrkarte kaufen, fällt mir ein. Nach vorne zum Busfahrer. 80 Cent. "Warum hab ich 1,40 bezahlt?", ruft der Berliner von hinten.

Trocken erwidert der Busfahrer mit Blick auf mich: "Die hier ist Schülerin!".

Dann spricht er mich direkt an: "Du bist doch Schülerin?"

Seine Augen blitzen.

Meine Augen blitzen zurück.

" Si, claro. Dritte Klasse. " Ich gehe kichernd zu meinem Platz zurück.

Der Berliner: "Unfassbar, 80 Cent. Wie machst Du das?"

In Landeck im Hotel trinke ich als erstes die im Zimmer als Geschenk bereitgestellte Flasche Wasser aus, dusche flugs und genieße dann in einem Straßencafe endlich meinen ersehnten Michkaffee. Eigentlich ist es jetzt um 19 Uhr viel zu spät für Kaffee, möglicherweise mache ich nachts kein Auge zu, aber es muss sein. In einem nahen Supermarkt kaufe ich schnell neue Wasservorräte für in den Rucksack. Als Wandertourist hat man außerhalb der eigentlichen Wanderzeit eine Menge zu tun, das hätte ich vorher nicht gedacht. Rucksack und Koffer müssen neu gerichtet werden, für Proviant ist zu sorgen, nasse Kleidungsstücke trocken zu fönen, Beine und Füße morgens und abends einzucremen (ein Loblied auf meine Hanfsalbe), das Handy zu laden, die Wegstrecke zu studieren, Busverbindungen und Fahrpläne zu checken, Schuhe und Stöcke zu checken und zu fetten.

Kurz nach meiner Ankunft geht ein Gewitter los, ich sehe wenig von der Stadt. Es ist eine Kleinstadt mit knapp 8.000 Einwohner*innen im Oberinntal in Tirol. Die Gegend gilt als tourismusintensivste Region Österreichs, in den Siebziger und Achtzigerjahren wurde in Landeck viel gebaut, nicht alles hat die Schönheit der Stadt erhöht. Über der Stadt thront die gleichnamige Burg. Landeck ist die westlichste Stadt Österreichs, das merkt man an den Hinweisschildern an den Straßen. Da tauchen Schweizer Orte wie St. Moritz auf und tatsächlich werden meine Füße am morgigen Tag Schweizer Boden berühren. Nördlich der Stadt Landeck erheben sich die Gipfel der Lechtaler Alpen, Teil der

Nördlichen Kalkalpen. Höchster Berg ist die Parseierspitze mit 3036 m Metern. Hier geht es aber nicht auf den Berg, ich werde den Alpenhauptkamm im Südengadin überschreiten.

Vor meinem dritten Wandertag habe ich höllischen Respekt, mich erwartet laut den Unterlagen der härteste und längste Wandertag der ganzen Woche. Unter uns gesagt ist Respekt sogar eine klitzekleine Untertreibung, ich habe etwas Schiss. Ich muss in der Früh mit dem Bus nach Nauders und entscheide mich für den allerersten Bus um 08:00 Uhr.

Von Nauders nach Reschen

Mit dem Linienbus geht es nach Nauders. Zum Glück bin ich niemand, dem es in Bussen schlecht wird, denn eine serpentinenreiche Fahrtstrecke liegt vor mir. Wir müssen uns im Bus anschnallen, damit wir nicht aus der Sitzbank fallen.

Nauders ist zauberhaft, landschaftlich und baulich reizvoll. Nauders ist ein kleiner Ort mit drei Mal so viel Gästebetten wie Einwohner und hat ein beispielloses Netz an Bikerrouten und Wanderstrecken. Hier soll ich an Grenzen gehen, im übertragenen wie auch im wörtlichen Sinne. Ich werde heute mit meinen Füßen in drei Ländern sein: startend in Österreich, ein mini Abstecher in die Schweiz und dann zum Finale nach Italien. Das alles per pedes!

Es startet eher gemütlich, aber nicht angstfrei. Ich werde mit dem Sessellift von knapp 1.400 Metern auf 1.800 Metern hochfahren zur Bergstation Kleiner Mutzkopf. Vor Sesselliften habe ich seit mehr als 30 Jahren Angst, denn im Allgäu musste ich einst mit Kleinkind auf dem Schoß zwei Stunden in einem schwebenden Sessel ausharren, weil mich der Seilbahnbedienstete schlicht vergessen hatte. Er wähnte die Bahn personenfrei und schaltete ab, aber ich war noch unterwegs. Damals noch ohne Handy, es war 1988. Also steige ich mit recht gemischten Gefühlen in Nauders-Mühle ein. Schnell bemerke ich: Es steigt keine Panik auf, noch nicht mal Angst. Ich bin ganz ruhig, kann die viertelstündige Fahrt genießen, beobachte aus der Luft Rehe. Ich bin verdutzt. Was ist geschehen? Hat mir schon jetzt die Wanderreise einen Schub an Gelassenheit und Mut verschafft? Hallt die Frankfurterin aus der Leutaschklamm nach? Ist das eine neue Vera mit weniger Ängsten?

Ich komme an der Bergstation an und habe tüchtig Oberwasser, ein Gefühl von "Was kostet die Welt, ich will sie koofen". Und ich habe noch keine blasse Ahnung davon, wie schnell sich dieses Gefühl verabschieden wird um einer leichten Verzweiflung zu weichen. Wie sagt der Volksmund: Vögel, die morgens pfeifen, fängt abends die Katz. Die erste Stunde geht es in einer machbaren Berg- und Talstrecke hinauf zum Schwarzsee. Der ist eine Attraktion, wirklich. Der Schwarzsee ist vieles: Ein Tiroler Naturdenkmal zwischen dem Kleinen und dem Großen Mutzkopf auf fast 1.800 Metern Höhe, landschaftliches Juwel mit artenreicher Tier- und Pflanzenwelt, ein Moorsee mit weißen Seerosen am höchstgelegenen Standort der Alpen, beliebte Destination für Erholungssuchend und Naturliebhaber. Enten plantschen im rabenschwarzen Wasser, am Ufer fliegen Libellen, geschwungene Holzbänke laden zum Verweilen und Staunen ein, meine Runde führt einmal um den ganzen See. Es herrscht ein tolles Licht, die Sonne scheint und die welkenden Seerosenblätter auf dem See sehen aus wie in flüssiges Gold getaucht. Nur wenige Menschen sind hier unterwegs und die sind alle andächtig still. Die allgegenwärtige Andacht ist zu spüren, zum Greifen real, wie ein stummer Gottesdienst unter freiem Himmel. Ist man dem Himmel tatsächlich näher, bloß weil man in der Höhe ist? Im Vergleich zu den Tagen zuvor sind meine Gedanken erstaunlich ernsthaft, fast philosophisch. Jandl ist bei der Talstation geblieben. Vielleicht hat er Höhenangst.

Zum ersten Mal wird mir die Abwesenheit von Zivilisationslärm bewusst. Mein Gott, dies ist unbeschreiblich, welch ein Frieden. Die Stille küsst meine Ohren, küsst meinen Geist. Erhaben ruht der mächtige Piz Lad hinter dem See, ein Gipfel mit über 2.800 Metern Höhe. Ich selbst werde an diesem Tag noch bis auf 2.200 Meter aufsteigen. Wikipedia schreibt: Der Piz Lad ist ein breiter Gipfel der Sesvennagruppe und markiert den nördlichen Endpunkt dieses Gebirgsteils. Er liegt oberhalb des Inntals im Westen und des Reschenpass im Osten, im Südosten befindet sich der Reschensee. Der Berg fällt nach Norden und zum Inntal hin recht schroff ab, zum Reschensee zeigt er eine nur mäßig geneigte Flanke. Der Gipfel selbst liegt an der Grenze zwischen Italien und der Schweiz bzw. der Autonomen Provinz Bozen – Südtirol und dem Kanton Graubünden. Ungefähr 750 Meter nördlich des Gipfels befindet sich auf einer Höhe von 2180 m das Dreiländereck zu Österreich bzw. zum Bundesland Tirol (Nordtirol).

Mein nächster anvisierter Streckenpunkt ist der Grünsee, noch bin ich guter Dinge. Vom Grünsee trennt mich eine dreiviertelstündige Wanderleistung. Und einige Höhenmeter, wie sich noch herausstellen soll. Ich dachte ja bereits die gemeinsten Wurzelstege Österreichs zu kennen, aber hatte meine Rechnung ohne den Aufstieg zum Grünsee gemacht.

Kilometerweit steil bergauf, zum Teil mit Stahlseilen gesichert. Ich fing an zu leiden und zu zweifeln. Ist das mein Weg? Habe ich mich übernommen. Bis zum Grünsee brauche ich weit über eine Stunde, bin ausgelaugt, die Waden brennen, der Körper heiß und schwitzig, die Finger schmerzen vom Umklammern der Stöcke. Ich kann weder Grünsee noch Aussicht genießen, ganz anders als beim Schwarzen See. Das ist dem Grünsee gegenüber unfair, denn er verdient Beachtung. Der Grünsee gilt als einer der schönsten Bergseen Tirols. Er umfasst etwa 1,6 ha, liegt auf 1.840 m Seehöhe und liegt idyllisch inmitten eines dichten

Lärchen- und Fichtenwaldes. Teilweise ist der Grünsee malerisch von einem Schilfgürtel umgeben.

Ich aber bin so erschöpft, meine Finger so steif, dass ich noch nicht mal mehr Fotos mache.

Mich quälen meine Gedanken: Bis zum langen Abstieg über die Reschenalm ist ein weiterer, extremer Aufstieg zu bewältigen. Ab jetzt ist der Weg in der Kategorie schwarz markiert. Die ganze Tour war bei komoot ohnehin als schwer eingestuft. Würde ich denn noch schaffen können? Bin ich stabil genug für 1.000 Höhenmeter Abstieg? Welche Alternativen habe ich? Zurück zur Bergstation?

Fast beginne ich zu weinen, ich spüre die Tränen schon aufsteigen. Aber dann kann ich mich von mir selbst lösen und in einer Metaposition von außen auf mein Problem schauen. Weinen würde mir nicht nutzen, nur Kräfte verschlingen und auch Zeit. Mit der Zeit aber ist nicht zu spaßen, es ist bereits 13:00 Uhr und ab 16:00 Uhr sind Gewitter angesagt. Da will keiner mehr schutzlos im Hochgebirge sein. Mehr krabbelnd als gehend bin ich bis zum Aufstieg Dreiländerstein gekommen. Der steht für mich schon längst nicht mehr zur Disposition. Ich habe nur ganz vage Erinnerungen an diese Strecke, eine Ausnahmesituation. Noch nie in meinem Leben habe ich derart Anstrengendes getan.

Endlich gibt es eine Abzweigung runter ins Tal. Nächstes Zwischenziel: Reschenalm, die eigentlich Rescher Alm heißt, auf 2.000 Metern Höhe liegt und einen herrlichen Blick auf den Reschensee freigibt. Und mittwochs Ruhetag hat. Heute ist Mittwoch. Ich grummele vor mich hin, es hört sich bisschen wie knurren an. Vor lauter Knurren gehe ich falsch weiter. Ich mache es kurz, ich umrunde versehentlich den großen Mutzkopf und lande im Tal nicht in Reschen, sondern in Nauders. Das wird mir circa drei Kilometer vor dem Tal bewusst, aber mir ist inzwischen alles egal. Hauptsache unten ankommen. Dann entdecke ich den Riatschhof.

Kaffee, Apfelschorle. Kaiserschmarrn mit Apfelmus. Nie habe ich besseren gegessen. Ich fühle wieder etwas anderes als Schmerz. Wahrscheinlich werde ich nie wieder aufstehen können, meine Beine fühlen sich an wie von der Cosanostra mit Beton ausgegossen. Ich bleib hier einfach sitzen bis an mein Lebensende und esse Kaiserschmarrn. Doch dann fällt mir ein, dass ich nur 20 € im Brustbeutel habe. Die werden nicht für viele Kaiserschmarrn reichen.

Erhobenen Hauptes und lahmen Fußes gehe ich also von Nauders bis zum Reschenpass, den ich mir viel spektakulärer vorgestellt habe und dann weiter bis in den alten Ortsteil von Reschen. Das ist ein winziges Dörfchen mit vielen bäuerlichen Anwesen. Es liegt Geruch von Gülle in der Luft. Italienische Gülle, denn ich habe schon wieder das Land gewechselt. Das macht aber keinen Unterschied. Gülle riecht nach Gülle. International.

Ausnahmsweise bemühe ich die Maps App. Sie soll mir den Weg zum Hotel weisen. Ein fataler Fehler. Die App spinnt und führt mich hoch am Berg zur Etschquelle, vorbei an den Südtiroler Verteidigungsanlagen. Ich fasse mal kurz zusammen: Mein regulärer Weg hatte 550 Höhenmeter Aufstieg und 850 Höhenmeter Abstieg, 17 Streckenkilometer. Ich war durch. Dann habe ich durch mein Verlaufen weitere sechs Streckenkilometer am Mutzkopf und Reschenpass dazu gepackt, jetzt noch mal vier in Altreschen. Wir sind bei 27 Kilometern, ich bin seit fast 9 Stunden unterwegs, ich will in ein Hotel, sonst lege ich mich hier in einen der verlassenen Bunker. Ernsthaft.

Die Südtiroler Verteidigungsanlagen waren mir bis zu diesem Tag kein Begriff. Ich entdecke Bunker und Schießstände. Ganz Südtirol ist gesprenkelt mit solchen Verteidigungsanlagen, die vor allem in den 30 Jahren als Teil der „Linea non mi fido" (Ich verlasse mich nicht darauf - Linie) errichtet wurden. Mussolini hatte trotz seiner guten Beziehungen zu Hitler und trotz eines Friedenspaktes stets Angst vor einer deutschen Invasion und errichtete daher in Südtirol umfangreiche Verteidigungsanlagen, die sich vor allem durch Panzersperren an den Grenzen und durch unzählige Bunkeranlagen auszeichnen.

Die Bunker sind nördlich ausgerichtet um somit den „Feind" besser bekämpfen zu können und im Falle einer erfolgreichen Eroberung, nicht gegen die hoffentlich von

Süden zu Hilfe eilenden italienischen Soldaten eingesetzt werden zu können.

Noch immer verbreiten diese Anlagen die Furcht eines Kriegsschauplatzes und sind Denkmal der militärischen Unterdrückung der Faschisten. Sie sollen diesen und nachfolgenden Generationen ein Mahnmal sein, das ist meine Hoffnung an diesem Ort.

Ich lege mich flach auf eine Holzbank. Der Rucksack dient als Kopfkissen. Es nieselt auf mich. Ich bin durch.

Eine junge Mutter mit zwei Kleinkindern kommt vorbei und erkennt die Lage. Sie zeigt mir einen Schleichweg zurück in den Ort und rein ins Hotel. Die Wirtin schaut mich skeptisch an: "Wie geht's? ". Es seien schon andere Wanderer vor mir eingetroffen. Sehr erschöpft. Eine Dame habe berichtet, in ihrem ganzen Leben habe sie noch nicht so etwas Anstrengendes gemacht. Hä? Das ist doch mein Satz. War ich schon mal hier? Gibt es mich zweimal? Bin ich in einer Zeitschleife gefangen? Ich nehme den Zimmerschlüssel an mich und höre mich tatsächlich leise sagen: "Jandl, wir zwei gehen jetzt erstmal heiß duschen."

Kennen Sie Jandl? Ich habe sein Werk in der Schule kennen gelernt und sofort geliebt. "Ernst Jandl war ein österreichischer Dichter und Schriftsteller, er ist im Jahr 2000 verstorben. Jandl wurde vor allem durch seine experimentelle Lyrik in der Tradition der Konkreten Poesie bekannt, durch visuelle Poesie und Lautgedichte wie schtzngrmm oder falamaleikum, die durch den

Vortrag besondere Wirksamkeit entfalten. Jandls Werk war stets vom Spiel mit der Sprache bestimmt und spannte einen Bogen von politischer Lyrik wie wien: heldenplatz und zertretener mann blues bis zu komischen Sprachspielen wie ottos mops und fünfter sein. Das Spätwerk wurde in der Form konventioneller und im Inhalt schwermütiger, enthielt aber weiterhin den für Jandl typischen Sprachwitz (Wikipedia)".

Ich weiß nicht, warum mir Jandl auf dieser Reise begegnet. Aber er macht mir Spaß, wofür ich ihm posthum aufs Allerherzlichste danke. Schtzgrmm. Nach dem Duschen schleppe ich mich ins nahe Gasthaus, der junge Wirt sagt, alle Plätze seien belegt. "Ich MUSS essen", sage ich sehr ernst und entschlossen. Er platziert mich also an der Theke, bringt mir ein Bier und Speckknödel mit Gulasch. Mir wird endlich wieder warm. Nichts tut mehr weh. Ich falle im Hotelzimmer in einen langen komatösen Schlaf und bin stolz auf mich, obwohl mir Stolz doch eigentlich so fremd ist. Nachts im Traum sehe ich mich in den Che Guevara Klamotten zu der Melodie von Hello Dolly eine lange Showtreppe herunter schreiten. Showgirls in glitzernden Röckchen wippen dazu. Ich habe heute die Alpen überquert. Ich! Das Alpenmoppel.

Von Reschen nach Naturns

Der vorletzte Wandertag beginnt trüb. Aber dann, welch eine Wiedersehensfreude. Berlin und Niederrhein haben auch hier übernachtet, ich treffe sie beim Frühstück. Und ein Rätsel klärt sich auf: Mein Zwillingssatz mit dem anstrengendsten Tag stammt von der Niederrheiner Dame. Auch sie war am Ende ihrer Kräfte. Was meine Verzweiflung adelt, denn diese Frau ist 50, Joggerin, schlank und fährt Langstrecke Fahrrad. Beide verkünden auch: Heute werde geschwänzt, es sei Regenerationstag. Ich kann das gut verstehen. Andererseits ist der Tagesplan leichter als gestern.

Ich will zuerst am Reschensee entlang nach Graun zum versunkenen Kirchturm laufen, das muss ich mir näher ansehen. Ich kenne Fotos von dem Ort, das Bild gruselt und fasziniert mich gleichzeitig. Auf dem Plan steht eigentlich eine Busfahrt bis St. Valentin. Bis zum versunkenen Kirchturm sind es gute fünf Kilometer, eine Stunde. Der Nieselregen passt zum Ziel finde ich, auf dem Reschensee tanzen verlassene Segelboote auf den Wellen. Die Berge tragen Schleier.

Die Geschichte um den Turm ist gleichermaßen traurig, verstörend und empörend. Das ist es auch, was ich beim Anblick empfunden habe.

"Turm im See - das Wahrzeichen des Vinschgau ist zugleich märchenhaft und faszinierend: Aus dem 6 km langen, klaren Reschensee, vor der Bergkulisse des urigen Langtauferer Tals, ragt einsam ein versunkener Kirchturm. Doch die Geschichte hinter dem bekannten Postkartenmotiv, dem „Turm im See", ist weit weniger idyllisch: Das romanische Kirchlein aus dem 14. Jahrhundert ist stummer Zeitzeuge einer verantwortungslosen Seestauung kurz nach dem Ende des Zweiten Weltkrieges.

Seit 1922 wütete in Italien und somit auch in Südtirol der Faschismus. Im Jahre 1939 reichte der Großkonzern "Montecatini" ein Projekt ein, den Reschen- und Graunersee um 22 Meter zu stauen. Die Bevölkerung von Reschen und Graun wurde dabei völlig übergangen. Der ausgebrochene zweite Weltkrieg verzögerte dann allerdings das bereits angefangene Bauvorhaben. Die Bewohner des Oberen Vinschgaues glaubten damit, dieses Schreckgespenst für immer los zu sein. Doch zur Bestürzung der betroffenen Einwohner wurde 1947, nur zwei Jahre nach Kriegsende, von Seiten der Montecatini bekannt gegeben, dass die Arbeiten am Stauprojekt unverzüglich wieder aufgenommen werden.

1950 im Sommer war es nun soweit. Die Schleusen wurden geschlossen und der Reschensee gestaut. 677 Hektar Grund und Boden wurden überflutet, beinahe 150 Familien wurden ihrer Existenz beraubt, und die Hälfte davon zur Auswanderung gezwungen. Die Entschädigungen waren sehr bescheiden. Die Bewohner von Graun hatte man dann notdürftig in ein Barackenlager am Ausgang des Langtauferertales, das man eiligst aufgestellt hatte, untergebracht. Durch das faschistische Stauprojekt verloren hunderte Familien aus Graun und Reschen ihre Existenz (www.vinschgau.net)".

Immer wieder betrüblich, was Menschen Menschen antun. Beim Nachfühlen schließt sich irgendwie ein Kreis, ich muss an Partisanen und Bella Ciao denken, an alte und neue Faschisten besonders in meinem

Heimatland. Aber ich denke auch an internationale Solidarität, den hilfsbereiten Rumänen aus Telfs und seine Tochter, den schelmischen Busfahrer in Landeck und an die italienischen Jogger im Wald.

Apropos Internationalität. Mir und Mitreisenden fällt auf, dass Arbeitsplätze im Service, Bau und anderen Sektoren in Tirol selten von Österreichern besetzt sind. Allerorten treffe ich auf Arbeitskräfte aus dem Balkan. Ungarn, Rumänen, Bulgaren. Ob es Saisonarbeiter sind? In der Gastronomie treffe ich sogar wiederholt auf Arbeitnehmerinnen aus Deutschland. Besser bezahlt als daheim ist die Antwort auf meine Frage nach den Gründen.

In Graun gehe ich einmal um die neue Kirche und finde die Bushaltstelle. Am Haidersee und den Ort St.Valentin auf der Haide vorbei erreiche ich nach wenigen Kilometern Burgeis. Obwohl es noch immer nieselt, steige ich aus. Schließlich bin ich zum Wandern hier und Burgeis lockt mit einem zauberhaften Anblick trotz des Regens.

"Auf der westlichen Vinschger Talseite stehen die Häuser von Burgeis auf weit über 1.200 m Höhe. Es ist ein Dorf am Hang des Watles mit Infobüro, eigener Feuerwehr, kleinen Geschäften und einem Gault Millau-Restaurant für Feinschmecker. Wo der Hauptort Mals fünf Türme hat, hat Burgeis immerhin noch beeindruckende vier: jenen der Heiligkreuz-Kapelle, der St. Michaelskirche, der St. Nikolaus-Kirche und der Pfarrkirche Maria Empängnis. Wenn du durch das malerische Zentrum spazierst, werden dir die zahlreichen schönen Fresken an den Häusern auffallen.

Zwei mächtige Gebäude wachen über den Ort: die Fürstenburg, erbaut von den Bischöfen von Chur, und der weiße Gebäudekomplex am Hang. Es ist die höchstgelegene Benediktinerabtei Europas, das ehrenwerte Kloster Marienberg. Als einer der kulturellen Höhepunkte im Obervinschgau bietet es zudem eine herrliche Aussicht auf das Tal. Der barocke Bau verbirgt in seinem Kern eine romanische Krypta aus dem 12. Jahrhundert, deren Fresken jeden Besucher faszinieren. Auch sein Klostermuseum ist zugänglich und erzählt vom Alltag des Klosterlebens.

Bei einer so reichen Geschichte verdient auch die Natur Aufmerksamkeit, die Burgeis und Umgebung reich beschenkt hat. Das dürfte nicht schwer sein, Berge und Wiesen soweit das Auge reicht. Burgeis liegt zu Füßen des Watles, der zu jeder Jahreszeit ein attraktives Ziel darstellt: Im Sommer bietet der Spielesee eine willkommene Erfrischung für Familien, im Herbst gilt die Wanderung zu den Pfaffenseen als besonderer Tipp und im Winter öffnen hier die Skipisten. Im Tal führt eine Etappe der Via Claudia Augusta mitten durch das Dorf (www.vinschgau.it). „

Genau diesen Abschnitt der Via Claudia Augusta wähle ich, der Ort zieht mich magisch an. Meine Wanderunterlagen führen eigentlich an Burgeis und Mals vorbei, aber ich bin zu architekturverliebt um den Ort links liegen zu lassen. Hier hat die Etsch ihren höchsten Punkt, ab nun an fließt sie nur noch abwärts bis sie nach 400 Kilometern in die Laguna Veneta mündet. Die Adria ist ihr Ziel. Ich bin zwar keine 400 Kilometer von meinem Ziel entfernt, aber soll auch noch was leisten, bisher habe ich erst fünf Kilometer auf dem Buckel. Das Tagespensum laut Plan sind 100 Höhenmeter Anstieg, 600 Höhenmeter Abstieg und 17 Streckenkilometer. Das werde ich alles bis zum Nachmittag schaffen, aber mit einigen Seitensprüngen gegenüber der vorgeschlagenen Route. Ich verpasse den Waalweg in Burgeis, dazu müsste ich durch den Wald. Da ich am nächsten Tag aber ohnehin noch Waalwege kennenlerne, entscheide ich mich für die offene alpine Landschaft.

Das obere Vinschgau liegt mir zu Füssen, allein dieser Anblick ist überwältigend. Aber auch Burgeis mit seinen Gässchen und Gemäuern fasziniert mich. Noch nie zuvor habe ich auf einen Schlag so viele Fresken an Häusern gesehen. Und dann die beiden markanten Sehenswürdigkeiten am Hang, ganz dicht beisammen, jede für sich ein Juwel. Schneeweiß überstrahlt das riesige Benediktinerkloster die Landschaft. Es könnte auch ein herrschaftliches Schloss sein, dieses Kloster Marienberg, wie eine Festung schaut es aus. Marienberg liegt ein Stück oberhalb von Burgeis.

"Der weiße festungsartige Bau in einer Hangmulde stammt aus dem 12. Jahrhundert und wurde von den Edlen von Tarasp gestiftet. Die ersten Mönche kamen vom Benediktinerkloster Ottobeuren im Unterallgäu in den Vinschgau. Im 16. Jahrhundert stand Marienberg vor der Auflösung, die vom Papst und der Tiroler Landesregierung aber verhindert wurde. Zur Zeit hat die höchstgelegene Benediktinerabtei Europas 11 Mitglieder, die nach den Regeln des heiligen Benedikt von Nursia leben.

1724 gründeten die Benediktinermönche von Marienberg in Meran ein Humanistisches Gymnasium, im 20. Jahrhundert beherbergte Marienberg selbst eine Zeit lang ein privates Gymnasium und hat deshalb in der Schulbildung eine lange Tradition. Noch heute sind die Mönche von Marienberg in der Erwachsenenbildung tätig: Wochenendkurse, ein Gästehaus und "Kloster auf Zeit" (nur für Männer) bieten Einkehr und Meditation in einer immer hektisch werdenden Zeit (www.suedtirol.it).

Ora et labora - bete und arbeite, das sind die Maxime des Heiligen Benedikt. Ich denke darüber nach, wie sehr Arbeit auch ein Leben tragen kann, nicht als Last, sondern als stützende Säule. Zur Untätigkeit verdammt zu sein, macht Menschen krank - Unterforderung ist ebenso Gift für unsere Leiber und Seelen wie Überforderung. Und ich erinnere mich auch, dass Sigmund Freud Gesundheit definiert haben soll als "die Fähigkeit zu lieben und zu arbeiten". Die Benediktiner machen also Vieles ganz richtig, die Arbeit in der Gemeinschaft und die im Gebet sich offenbarende Gottesliebe. Ich habe vor 30 Jahren eine Scheidung durchlebt und damals körperlich und seelisch genau diese stützende, therapeutische Funktion von Arbeit und selbstgewählter Pflicht, nämlich die elterliche Sorge für meinen Sohn, erfahren. Das hat mich getragen bis ich mich selbst wieder getragen habe, bis Vertrauen, Blick nach vorn und Menschenliebe wieder Einzug gehalten haben in mein Leben. Ich glaube, dass wir Liebe ohnehin zu eng verstehen, häufig im Zusammenhang mit einer bestimmten, nämlich der geliebten Person. Alle Krankheiten und Erschütterungen in meinem Leben haben mich im Nachhinein zu einem liebenderen Menschen gemacht im Sinne universeller Liebe der ganzen Schöpfung gegenüber. Ich stehe also vor der Bergmulde von Kloster Marienberg und hänge diesen Gedanken nach und fühle eine tiefe Dankbarkeit. Dankbarkeit ist die große Schwester vom Glück, davon bin ich überzeugt. In meinem Kopf höre ich die unvergessene Mercedes Sosa singen, Gracias a la vida.

Gracias a la vida que me ha dado tanto

Me dio dos luceros que, cuando los abro

Perfecto distingo, lo negro del blanco

Y en el alto cielo su fondo estrellado

Y en las multitudes, el hombre que yo amo

Gracias a la vida que me ha dado tanto

Me ha dado el oído que en todo su ancho

Graba noche y días, grillos y canarios

Martillos, turbinas, ladridos, chubascos

Y la voz tan tierna de mi bien amado

Dank dem Lebem

Danke an das Leben, das mir so viel gegeben hat.

Es gab mir den Ton und das Alphabet

Mit dessen Wörtern, ich denke und mich ausdrücke.

Mutter, Freund und Bruder

Und das Licht, das mir den Weg meiner Seele offenbart hat.

Danke an das Leben, das mir so viel gegeben hat.

Es gab mir das Gehör,

Das mit all seiner Weite

Tag und Nacht die Grillen und die Kanarienvögel einfing,

Hämmer, Turbinen, Gebell,

Regenschauer

Und die zärtliche Stimme meines Geliebten.

Einige Höhenmeter weiter unten liegt und seitlich links der Marienburg liegt die Fürstenburg. Viel schlichter, aber nicht minder eindrucksvoll.

"Die Fürstenburg liegt in Burgeis bei Mals, im Obervinschgau, und wurde vom Churer Bischof Konrad im 13. Jahrhundert erbaut. Im 16. Und 17. Jahrhundert wurde sie umgestaltet.

Ein besonderes Highlight ist der gewaltige Bergfried mit einer Mauerdicke von drei Metern, der gemeinsam mit der Wehr- und Hochburg, die ihn umgibt, den ältesten Bestandteil der Fürstenburg bildet. Dieser Teil wurde im 16. Jahrhundert ausgebaut und fürstlich dekoriert. Daran erinnern noch Reste von Fassadenmalereien und Wappen im Burghof sowie die schöne Täfelung und Kassettendecken in den Fürstenzimmern. In der Kapelle erwarten Sie eindrucksvolle Wandgemälde aus dem ausgehenden 16. Jahrhundert und ein moderner Tabernakel mit einer bronzenen Kreuzgruppe.

Im historischen Gebäude der Fürstenburg ist seit 1952 die gleichnamige Fachschule für Land- und Forstwirtschaft samt angrenzendem Schülerheim untergebracht. Hier genießen knapp 200 Schüler aus Nah und Fern eine Ausbildung in den Fachbereichen Forstwirtschaft, Nutztierhaltung und Obstbau (www.suedtirol-reisen.com). "

Burggeis ist also ein Ort der Bildung und der Schönheit. Ich will weitere Höhenmeter hinab ins Vinschgau in den Ort Mals. Ein breiter Feldweg führt mich parallel zum legendären Sonnensteig an Wiesen und Feldern vorbei, auch an einer Kuhherde, die mich sehr eindringlich mustert. Ganz andere Kühe als bei uns, viel feingliedriger und schmaler. Plötzlich taucht Mals vor mir auf. Die Diesigkeit hat sich gelichtet und es ist wie eine Fata Morgana. Ich sehe Türme über Türme, muss an San Gimiagnano in der Toscana denken. Das liegt zwar landschaftlich ganz anders, erhoben auf einem Hügel, nicht in einer Talmulde wie Mals. San Gimiagnano ist eine italienische Kleinstadt in der Toskana, unweit Florenz, mit einem mittelalterlichen Stadtkern. San Gimiagnano wird auch „Mittelalterliches Manhattan" oder die „Stadt der Türme" genannt. 12 solcher Türme findet man dort. Ganz so viele hat Mals dann doch nicht, aber der Ort ist auch kleiner und es sind trotzdem viele Türme. Viele schöne Türme. Das will ich mur näher ansehen. Ich verbringe sicher drei Stunden in den Gassen und auf den Plätzen von Mals, hier gibt es so viel zu entdecken. Ich bin unterwegs auf der Straße der Romanik (Romanik, nicht Romantik) und davon gibt es hier allerhand zu bestaunen.

"Das Bergdorf Mals (1099 m), sonnenreicher Hauptort des Vinschgaus in Südtirol, ist dank seines milden und trockenen Klimas das ganze Jahr hindurch ein idealer Ferienort für die ganze Familie. Mals und seine Umgebung bescheren dem Naturfreund jeden Tag neue Erlebnisse.Den Kunstfreund werden die wertvollen, noch gut erhaltenen Baudenkmäler aus karolingischer und romanischer Zeit begeistern. Mals hat seine Berühmtheit vor allem durch romanische Kirchen und

Türme ehrwürdigen Alters erlangt (www.vinschgau-it.com)"

Gut erhaltene Kirchen aus dem 9. Jahrhundert oder Türme aus dem 12. Jahrhundert, begegnen einem ja wirklich nicht so oft und in dieser Vielzahl. Nach Burgeis und Mals möchte ich gerne noch einmal wiederkommen, aber ich sollte nun sehen, dass ich nach Schluderns weiter komme. Da ich meine Wanderroute verlassen habe, muss ich mich durchfragen.

Ich spreche einen alten Herrn an, der mir in perfektem Hochdeutsch antwortet. Er ist sehr adrett gekleidet, viel Dunkelblau, etwas weiß und rot. Ich muss an einen Matrosen denken, was mir als Gedanke für Südtirol reichlich schräg erscheint. Da kommt ein zweiter Herr um die Ecke, er gleicht dem ersten Herrn in Aussehen und Kleidung wie ein Ei dem anderen. Macht mein Gehirn schon wieder Witze, statt Jandl heute Emil Kästner mit dem doppelten Anton? Die Herren erklären es ungefragt: Eineiige Zwillinge, 84 Jahre, in Burgeis geboren, seit 61 Jahren ehelos und stets zusammen in Hamburg lebend, nun auf Heimatbesuch. "Tja, Deern, so zwei alte Esel im Doppelback trifft man auch nicht alle Tage," lachen sie. Ich lache mit, mache mich weiter auf den Weg und lasse noch schnell ein „Hummel, Hummel" da. Hanseatischer Gruß. Hamburg, meine Perle.

Jetzt machen auch die Matrosen Sinn. Ich sollte mein Gehirn nicht so oft beschuldigen.

Ich schlendere noch eine Weile bis ich Mals verlasse. Mir fällt auf, dass ich wiederholt unterschiedliche Polizeigebäude sehe. Es gibt Carabinieri und Policia. Ich recherchiere: In Italien ist die Polizei zweigeteilt, mit sich zum Teil überlappenden Zuständigkeiten. Die Staatspolizei untersteht dem Innenministerium, die Carabinieri dem Verteidigungsministerium. Damit will man eine Machtkonzentration über die Polizei unterbinden, mehr als nur ein Ministerium einbinden. In Spanien ist es ebenso, Polizei und Guardia Civil. Die Beamten der Guardia Civil sind als Polizisten agierende Soldaten. Diese Machtteilung ist vermutlich auch den bitteren Erfahrungen aus den Diktaturen von Mussolini und Franco geschuldet. Ich erinnere mich, dass meine linksliberalen spanischen Freunde höllische Angst vor der Guardia Civil hatten als Franco noch lebte. Jetzt sinniere ich über Gewaltenteilung und Rechtsstaat. Schon ulkig, über was man bei so einer Wanderreise alles ins Nachdenken kommt. Schluderns erreiche ich mit eher flüchtiger Wahrnehmung, ich muss nun voran machen, es ist schon spät und ich habe noch eine einstündige Bahnfahrt nach Naturns vor mir. Zum ersten Mal fahre ich mit der Vinschgaubahn - komfortables Reisen für kleines Geld. Bus und Zug erscheinen mir in Italien deutlich preiswerter als in Deutschland, wo man gerade das erfolgreiche 9-€- Ticket nicht verlängert hat. Anders als in Österreich ist in Italien in Zügen und Bussen Maskenplicht, das Volk und die Regierung hat die Leichenzüge 2020 in Bergamo noch nicht vergessen.

Auf meinen Wandertagen ab Nauders gehe ich immer wieder Teilstücke der Via Claudia Augusta, einer alten Römerstraße, die von Donauwörth in Deutschland über die Alpen bis an die Adria führt, einst wohl als Handelsweg entstanden. Die Via Claudia Augusta wurde im Jahre 47 n. Chr. unter Kaiser Claudius von Altinum fertiggestellt. Bereits mit dem Bau begonnen hatte sein Vater, General Drusus der Ältere, Adoptivsohn von Kaiser Augustus um 15 v. Chr. Die Arbeiten an der Straße dauerten somit über 60 Jahre. Von der Römerstraße sind heute nur noch zwei Meilensteine erhalten, einer steht in Rabland im Vinschgau und der andere in Cesiomaggiore in Feltre Historiker rätseln noch heute über den tatsächlichen Verlauf und es gibt viele Theorien. Heute ist die Via Claudia Augusta vor allem als Rad- und Wanderweg bekannt und beliebt. In Deutschland startet der Weg in Donauwörth. Über Füssen führt er nach Reutte in Tirol und auf den Fernpass. Wieder zurück ins Tal passiert die Via Claudia Augusta Imst und Nauders um dann die höchste Stelle der Strecke zu erreichen, den Reschenpass in Südtirol. In Trient teilt sich der Weg in zwei Varianten: einer führt nach Ostiglia, einem Hafen am Po, der andere führt nach Venedig. Die Länge des Radweges beträgt 902 km, die Wegqualität ist sehr unterschiedlich: In Tirol ist der Radweg ab der Grenze zu Deutschland bis nach Imst nicht ausgebaut und verläuft auf vorhandenen Wirtschaftswegen, Dorfstraßen und unbefestigten Schotterwegen.

Aber auch ein anderer berühmter Weg ist sehr häufig seit Mittenwald unter meinen Füssen und bringt sich immer wieder durch das blaue-gelbe Muschelsymbol in Erinnerung: Der Jakobsweg. Auch wenn der Weg auf der iberischen Halbinsel der bekannteste ist, so gibt es nicht den einen, einzigen Jakobsweg. Ganz Europa ist durchzogen von Jakobswegen, in meiner Heimat und in Urlauben ist er mir schon oft begegnet: In der Eifel, an der Mosel, in Limburg an der Lahn, in Wetzlar am Dom, in Kempten im Allgäu und an vielen Orten mehr. Irgendwann einmal nach Santiago de Compostela zu gehen, wäre schon eine feine Sache, aber jetzt bin ich im Hier und Jetzt auf diesem Weg. Pilgere ich eigentlich? Das werde ich oft gefragt und ich weiß zunächst die Antwort nicht, egal wie lange ich darüber nachdenke. Ich erinnere mich irgendwann die 10 Gebote des Jakobswegs gelesen zu haben und recherchiere sie in einer Wanderpause. Hier sind sie, zitiert aus www.jakobswege.de:

" 1. Dein Weg beginnt, sobald du an ihn denkst

… also genau jetzt in diesem Augenblick und mit diesem Gedanken. Du hast dich also gerade auf den Weg begeben!

2. Gehe nur den nächsten Schritt

…denn mehr kannst du jetzt nicht tun. Auch die längste Reise beginnt mit ihm, und der übernächste Schritt kann erst danach erfolgen. Lauter kleine Schritte, und einzig der nächste davon ist gerade wichtig. Es ist also tatsächlich ganz einfach.

3. Lass deinen Schatten hinter dir

…denn du bist nicht dein Schatten. Auf dem Jakobsweg gehst du nach Westen. Morgens geht die Sonne hinter dir auf, und dein Schatten liegt vor dir. Bis zum Abend wirst du deinen Schatten also überholt und deine Vergangenheit gleichsam hinter dir gelassen haben. Hier kannst du jeden neuen Tag als eine neue Person beginnen. Tag für Tag wirst du mehr zu dem, der du im Grunde bist. Das ist eines der schönsten Geheimnisse vom Jakobsweg. Du lernst dich von deinem Schatten zu befreien.

4. Geh deinen eigenen Weg

…denn es gibt keinen anderen. Auf dem Jakobsweg lernst du dich nicht zu vergleichen, denn jeder Pilger hat hier seinen eigenen Rucksack auf (und seinen eigenen Schatten hinter sich zu lassen). Wir kennen den Rucksack der anderen nicht, und wir stecken nicht in ihren Schuhen. Und wir respektieren sie genau dafür, wie sie auch uns respektieren. Du kannst auf dem Jakobsweg daher ganz du selbst sein, denn hier gehst du deinen eigenen Weg.

5. Lerne zu vertrauen

…denn der Weg sorgt für dich. Die meisten Pilger planen ihren Weg, manche mehr, und andere noch mehr. Doch die Essenz des Weges wird zwei Dinge tun: dich überraschen, und dich tragen. Und beides lässt sich nicht planen. Öffne dich also für die Essenz vom Weg und lerne ihm zu vertrauen, und du wirst vom ihm beschenkt werden.

6. Wirf Ballast ab

…denn egal, wie gut du deinen Rucksack packst, du wirst unterwegs diesen Punkt erreichen, an dem du unnötigen Ballast erkennst und dich von ihm trennst. Wir nennen ihn den Jetzt-sende-ich-es-heim-Tag.

Doch jeder Pilger trägt zwei Rucksäcke, und im zweiten ist der seelische Ballast. Er wiegt schwerer, und er ist auch schwerer zu erkennen. Du darfst daraus alles loslassen, was du nicht mehr (er)tragen kannst. Feiere unterwegs deinen Jetzt-lasse-ich-es-los-Tag, und gehe fortan weiter mit mehr Leichtigkeit!

7. Geh und fühle

…denn der Weg führt dich nach Santiago, und er führt dich auch zu dir selbst. Also tiefer in dich hinein, also du es bislang kanntest. Vieles war weit weg, doch nun bist du auf dem weiten Weg. Du wirst dein Gespür erfühlen und deine Gefühle spüren, die du vergessen hattest. Also mach auf und lasse zu. Erlaube dir zu lachen, zu weinen, zu trauern, erlaube dir zu lieben und dich zu lieben. Entdecke dich neu. Fühle dich so, wie du bist. Leg deinen Mantel ab und spüre darunter, Tag für Tag eine neue Schicht.

8. Geh alleine

…denn nur so kannst du erleben, dass du nicht einsam bist.

9. Erwarte Wunder

…denn der Weg reibt an deiner Seele, an deinem Glauben, an deiner Vergangenheit und an deiner Zukunft, und vor allem an deinem Körper. Der Rucksack wird an deinen Schultern reiben, die Schuhe an deinen Füßen.

Also wirst du Wunden bekommen, und sie werden wieder heilen. Lass dich davon nicht ablenken, und schaue tiefer. Dann wirst du dich wundern darüber, dass die Wunden entstehen und vergehen, doch die Wunder passieren und bleiben. Und beides wird dich heilen, wenn aus Wunden Wunder werden.

10. Dein Weg endet nie

… denn der Jakobsweg wird dich zwar bis nach
Santiago tragen, doch da ist der Weg noch nicht zu
Ende. Viele Pilger sagen, erst dort beginne der
eigentliche Weg. Nämlich der Weg, den du fortan in dir
tragen wirst. Denn der Jakobsweg wird dich verändern.
Er wird dich näher zu dir bringen, dich mehr zu dem
machen, der du eigentlich bist. Er wird dich, wie viele
Pilger sagen, auf deine Werkseinstellungen
zurücksetzen."

Ich lese diese Gebote am vorletzten Tag und erkenne
mich so sehr wieder. Jeden dieser Sätze habe ich in
anderer Formulierung in den letzten fünf Tagen in
meinem Kopf gehabt und auch als meine Wirklichkeit
gespürt. Ich bin hier wegen weit mehr als wegen der
körperlichen Herausforderung unterwegs, ich bin auch
auf einem mentalen Abenteuer, einer spirituellen Reise.

Das Pilgern ist keine allein christliche Tradition, sehr
viele Anhänger anderer Religionen pilgern auch. Aber
da geht es schon los: Was ist meine Religion? Ich bin
protestantisch getauft und konfirmiert, aber vor vielen
Jahren aus der Kirche ausgetreten. Ich gehe nicht in die
Kirche, aber ich bete und danke. Dem Universum. Bete
und danke ich damit zu Gott? Bin ich gläubig? Da sind
Reste eines naiven Kinderglaubens, aber auch
manchmal das unbedingte Gefühl, dass es einen
Schöpfer geben muss, wenn ich die Schönheit von Flora

und Fauna erblicke. Bist Du gläubig? Das ist doch eine einfache Frage und doch kann ich sie nicht beantworten. Als ich darüber sinniere, denke ich: Typisch für mich. Die Gretchenfrage, drunter geht es wohl nicht.

Wieder einmal begegnet mir also Goethe auf dieser Reise, in seinem großartigen Werk Faust ist jene Frage an Gretchen gerichtet, wie sie es wohl mit der Religion halte und sie windet sich wie ich. Seitdem ist der Begriff Gretchenfrage ein Synonym für eine unangenehme Frage, die den Befragten in Bedrängnis bringt und ihm ein Bekenntnis abringt. Als ehemalige Protestantin kenne ich das Wort Bekenntnis, aus dem Glaubensbekenntnis aber auch als Synonym für Konfession. Mittlerweile bin ich sicher: wer solche Gedanken hegt, der pilgert. Egal, ob es so geplant war oder nicht. Kurioserweise fragt jetzt niemand mehr, ob ich pilgere. Jetzt, wo ich die Antwort wüsste. Aber ich begreife: die Antwort war nicht für die Fragenden wichtig. Sie waren nur vom Schicksal geschenkte Gehilfen auf meiner Reise. Die Antwort war für mich wichtig.

Ich recherchiere erneut und widme mich dem Begriff "pilgern". Auf www.planet-wissen.de finde ich einen Text über das moderne Pilgern: "Pilgern ist heute wieder genau das, was Hippocrates, der berühmte Arzt der Antike, mit dem Zitat "Gehen ist des Menschen beste Medizin" verdeutlicht: eine ganzheitliche Bewegungskur für Leib und Seele. Hatten die meisten Menschen lange Zeit keine andere Fortbewegungsmittelwahl als die eigenen Füße, ist diese Sehnsucht nach Einfachheit

heute wieder ein Luxusgut, das das eigene Leben
ordnen soll – oder auch durcheinander bringen.

Dabei entdecken viele Menschen die Form des Pilgerns
für sich. Nicht unbedingt ausschließlich religiös motiviert,
aber doch auf der Suche: nach sich selbst, nach
anderen oder nach Gott.

Das Besondere an der modernen Pilgerbewegung: Die
Reise zu sich selbst, die alle Pilger verbindet, ist
gleichzeitig sehr individuell. Das "Auf dem Weg sein" ist
auch abseits der Pilgerbewegung zum Lebensmotto
geworden und so spiegelt sich die lateinische
Wortbedeutung von "Pilger", nämlich Gast/Fremder, im
Lebensstil einer ganzen Gesellschaft wider: Der Weg ist
das Ziel."

Anders als bei Wallfahrten ist Pilgern auch und vor
allem auf Begegnungen und Erlebnisse auf dem Weg
ausgerichtet und ich begreife diese vielen,
bezaubernden Erlebnisse auf meinem Weg als
Geschenk. Und diese Begegnungen sind immer dann
passiert, wenn ich den "vorgeschriebenen Weg"
verlassen habe und mich dem Eigensinn hingab. Diese
Lektion bestärkt mich auf meinem Weg, nicht nur auf
dem Weg hier, auch auf meinem Lebensweg.

Diese Gedanken alle begegnen mir auf der Fahrt in der
Vinschgaubahn von Schluderns nach Naturns. Ich war
so versunken, dass ich gar nicht mehr weiß, wo ich bin.
Im Zug erkundige ich mich, ob Naturns schon vorbei ist.
Alles gut, ich habe den Ausstieg nicht verpasst. Ich bin

jetzt wieder im Faktischen angekommen, registriere meine Umgebung und die Menschen um mich herum. Ich sitze auf einem Notsitz, ein Klappsitz im Fahrradabteil, gegenüber sitzt eine Mutter mit etwa neunjährigem Sohn. Der Junge hat einen großen Kopfverband und wimmert, seine Mama streichelt und wiegt ihn und versucht ihn in einer mir fremden Sprache zu trösten. Ich erinnere mich an den Vorrat von Apfelbonbons in meiner Brusttasche. Im Hotel in Reschen gab es bei der Rezeption eine einladende Bonboniere und ich habe großzügig zugegriffen und alle Farben gekostet. Die grünen Apfelbonbons waren mir die liebsten und beim Auschecken habe ich in einem unbeobachteten Moment gezielt einige herausgefischt. Diese reiche ich der Frau mit einem Lächeln und deute mit meinem Kinn auf den Jungen. Sie soll entscheiden, ob er Bonbons von einer Fremden annehmen darf. Er darf und schiebt sofort einen Bonbon in seinen Mund und gleich einen zweiten hinterher. Er hat aufgehört zu weinen. Bei der nächsten Station steigen sie aus, sie sind schon fast aus der Bahn raus als die Mutter eilig nochmal zurückläuft zu mir, wortlos meine Hand drückt und dann zu ihrem Kind eilt. Um ein Haar fange jetzt ich an in der Vinschgaubahn zu heulen.

Im gemütlichen Vorbeifahren sehe ich aus dem Fenster schier endlose Obstplantagen, Felder über Felder mit Apfelbäumchen. Es ist September, die Äpfel sind prall und kurz vor der Ernte. Rote, gelbe, grüne Äpfel. Ein Stamm gleicht dem anderen, Spalierobst, auf ein einheitliches Maß zurecht gestutzt. Der niedrig gehaltene Wuchs erleichtert den Pflücker*innen die Arbeit.

Ganz anders als die knorrigen alten Apfelbäume auf den Streuobstwiesen daheim. Da haben die knorrigsten Bäume häufig die leckersten Äpfel. Hier aber geht es um maximalen Ertrag und perfektes Aussehen, der Kunde will makellose Äpfel. Mir kommt die Erinnerung, dass Prof. Gerhard Hüther in einem seiner Bücher schreibt, man wolle heute Kinder wie Spalierobst großziehen, einheitlich zurecht gestutzt, ertragsorientiert. Ich bin da ganz bei ihm. Was ist aber, wenn einer der gestutzten Zweige eine besondere Begabung getragen hätte? Es gibt erwünschte und unerwünschte Begabungen, offensichtlich werden jene, die sich später in Salär manifestieren, bevorzugt. Es ist traurig. Was wäre aus Einstein im Schulsystem 2022 geworden, was aus van Gogh, Frida Kahlo und was aus Jesus?

Jemand rüttelt an meinem Arm. Das ist jetzt Naturns.

Ich bin wirklich eine Tagträumerin. Und ich liebe es. Mir ist nie langweilig. Und eine neue Erkenntnis: Alles hat mit allem zu tun, alles ist verwoben, alle Menschen, die gesamte Schöpfung, jede Idee, jede Energie.

Ich komme auf eine Brücke, unter mir ein sehr breiter, tosender Fluss. Die Etsch. Ist es denn die Möglichkeit, gestern Abend noch hatte ich in Reschen an ihrer Quelle gestanden, ein feines Rinnsal wie aus einem halb verschlossenen Wasserhahn. Und nun schon dieser imposante Fluss. "Du bist aber groß geworden

Etsch," rufe ich von der Brücke runter. Und die Wassergeister der Etsch raunen zurück: " Du aber auch! ".

Kurz nach der Brücke entdecke ich eine Gelateria. Auf der ganzen Reise habe ich noch kein einziges Eis gegessen. Ich lerne Katrin kennen, die Inhaberin der Eisdiele. Sie steht selbst hinter dem Tresen, wenige, aber erlesene Eissorten. Ich entscheide mich für Apfelkuchen und bin hin und weg. Kein einziges künstliches Aroma, täglich frisch, Manufaktur. Eis machen aus Leidenschaft. Auf ihrer Homepage schreibt Katrin:" Wer achtsam ist, entdeckt auch im Kleinen sein Glück. Ich glaube, dass in einem richtig guten, handgemachten Eis viel Inspiration dafür steckt! Ich bin Katrin, die Inhaberin und Eismacherin im AiJOO. Mit meiner kleinen Eismanufaktur ist ein großer Traum von mir wahr geworden. Nach neun Jahren im (überhaupt nicht langweiligen) Bürojob ist das Bedürfnis etwas Besonderes mit meinen Händen zu kreieren immer stärker geworden. Ich hab schon früher gern gekocht und gebacken, geschlemmt und genossen. Als ich zu meinem 30. Geburtstag die lang ersehnte Eismaschine geschenkt bekommen habe, gingen die Versuche los und meine Leidenschaft für handwerklich hergestelltes Eis wuchs und wuchs. Nach einer Ausbildung zur "gelatiere" in Mailand und einem Jahr voller schöner Erfahrungen in der Eiswelt, darf ich Dich nun einladen ins AiJOO, meinem persönlichen Glücksort und bald hoffentlich auch Deinem!"

Mit Carl Gustav Jung bin ich überzeugt, dass es keine Zufälle gibt. Katrin und ihre Lebensphilosophie gehören zu meinem Weg. Später am Abend werde ich ja massiert, meine Masseurin sagt: "Sie dürfen Naturns nicht verlassen, ohne bei AiJOO gewesen zu sein". Ich grinse und sie erwidert:

"Sie waren schon da. Hätte ich mir denken können .Gell, Sie finden solche Leute und Orte intuitiv?"

Ja, ich bin eine Sachen- und Menschenfidnerin. Wie Pippi Langstrumpf.

Ich übernachte im Kleinkunst Hotel und wieder schließt sich ein Kreis, ein Ring. Das Hotel ist Networker im Kultursommer 2022, welcher das Motto "Kinderlachen" trägt. Überall im Hotel großformatige Fotos von Clowns. Im Aufzug ein riesiges farbiges Fotoportrait von Gardi Hutterer, bei der ich vor mehr als zwei Jahrzehnten ganz zu Beginn meiner eigenen Clownerie einen Workshop besucht habe.

Als ich abends weich massiert und duftend nach Heilöl aus Osmanthum einschlafe, summen mich Rilkes Zeilen in den Schlaf: " Ich lebe mein Leben in wachsenden Ringen, die sich über die Dinge ziehn. Ich werde den letzten vielleicht nicht vollbringen, aber versuchen will ich ihn. Ich kreise um Gott, um den uralten Turm, und ich kreise jahrtausendelang; und ich weiß noch nicht: bin ich ein Falke, ein Sturm oder ein großer Gesang."

Von Naturns nach Meran

Naturns gilt als der Ort mit den meisten Sonnenstunden im gesamten Alpenraum. Das hat mir gestern auch meine Masseurin bestätigt. Heute als 50-jährige erinnere sie sich an keinen einzigen Tag ihres Lebens, wo es jemals von morgens bis abends durchgeregnet hätte. Am Vormittag sieht es so aus, als könne sich dieser Tag nun heute ereignen. Es schüttet. Unaufgefordert warnen mich unisono Hotelbesitzer und Frühstückskraft. Ich möge bitte bei dieser Flut von oben und dem vermatschten Boden den Meraner Höhenweg meiden. Kein Einheimischer würde bei derartigem Wetter diesen Weg machen. Ich vertraue gerne ihrer Kompetenz und plane um.

Schwelge ich statt Höhenweg nochmal in Kultur oder erkundige ausgiebig Meran?

Naturns hat besondere Kulturschätze. Unweit des östlichen Ortseinganges von Naturns erblickt man, eingebettet in die in der Talsohle vorherrschenden Apfelgärten, das kleine Kirchlein St. Prokulus.

Die kleine Kirche lässt von außen nicht erahnen, welchen Kunstschatz sie in ihrem Inneren verbirgt. Die Fresken aus dem späten 8. Jahrhundert zählen zu den bedeutendsten Wandmalereien in Mitteleuropa. 1.500 Jahre Kulturgeschichte locken.

Andererseits: Erinnern Sie sich - Kennst Du das Land, wo die Zitronen blühen? Die südliche Vegetation in

Meran lockt mich heute mehr, auch bei Regen. Mit dem Bus, der recht überfüllt ist, fahre ich bis Algund. Ich habe den Ehrgeiz Meran zu Fuß zu erreichen. In Algund finde ich recht mühelos den Einstieg in die Waalwege. Diesen Begriff kannte ich vor meiner Reise auch noch nicht. Waale sind Wasserrinnen und genau an denen gehen die Waalwege entlang. Der östliche Teil des Algunder Waalweges führt mich durch Weinhügel nach Gratsch bis zum Kirchlein St. Magdalena. Danach gehe ich weiter auf den Tappeinerweg ins Zentrum von Meran. Insgesamt sind das um die neun Kilometer, im strömenden Regen, zumindest der Waalweg ist noch glitschig genug.

Die Tappeiner Promenade hat festeren Boden und die Botanikliebhaberin in mir ist verzückt von diesen vielen exotischen Pflanzen. Die Feuchtigkeit macht ein besonderes Licht, eine besondere Stimmung. Ich mag das. Ganz allein bin ich hier unterwegs, das wäre bei Sonnenschein sicher ganz anders. Meran liegt da, ein melancholischer Regenschleier über der Stadt, eine Eleganz des Unvollkommenen, der wahren Schönheit. Alles, was zu perfekt ausschaut, schreckt mich eher ab. Ich mag abbröckelnden Verputz an Häusern, verblasste Farben und rostige Balkongitter. Morbide Schönheit, eine ganz besondere Ästhetik und dieses Regengrau wirkt wie eine Lupe auf diese Kostbarkeiten für mein Auge.

Wieder habe mein großes Regencape im Rucksack gelassen, es lässt mich zu sehr schwitzen. Ich führe einen knallroten Regenschirm, der hält Kopf und Schulter trocken, aber Hose und Schuhe sind nass. Der Tappeinerweg mündet im Zentrum, sofort schließen sich die berühmten Lauben mit ihren Läden und Cafes an. Alle Sitzplätze sind belegt, jeder freut sich über einen regengeschützten Platz. Straßen voll von stockendem Verkehr, Hupen, Ampeln, Menschengewusel, Geruch von Abgas, Anrempeleien. Mir ist das schnell zuviel, zu voll, zu nah. Zu viel von allem.

Ich bin fast eine Woche in Stille und Abgeschiedenheit unterwegs gewesen, fernab von Straßenlärm, ich möchte auf der Stelle fliehen. Unterwegs hatte ich geplant mir nach Ankunft in Meran ein Glas Champagner zu kaufen. Eine ziemlich merkwürdige Idee eigentlich. Ich kaufe und trinke nie Champagner. Ich werde es auch diesmal nicht tun. Ich bin nass, mir ist kalt, ich kaufe mir einen Milchkaffee und studiere den Stadtplan. Ganz erleichtert stelle ich fest, dass mein Hotel in Obermais liegt, dem Villenviertel über der Stadt. Gerne nehme ich dafür nochmal drei Kilometer in Kauf, der Weg führt mich durch den Park über die Passer, am Sissidenkmal vorbei zum Sissi-Steig. In Meran kommt man an der einstigen österreichischen Kaiserin nicht vorbei, oft ist sie hier gewesen. In der Jetztzeit September 2022 stirbt an diesen Tagen die derzeit berühmteste Monarchin der Welt auf Schloss Balmoral, Königin Elisabeth II, die Queen ist tot. Tagelang werden Zeitungen, Nachrichtenkanäle und Internet voller Meldungen über dieses Ereignis sein. Bei allem Respekt, nach meinem Geschmack unangemessen viele

Meldungen und unangemessene Priorisierungen. Ist das Interesse an Monarchien wirklich so groß?

Obermais gefällt mir, kleine Läden mit regionalen Produkten, dörflich und mit einer grandiosen Aussicht. Hinweisschilder zeigen, dass Schenna oder Hafling nicht mehr weit sind. Ja, hier oben kann ich es aushalten. Ich habe Glück, mein Koffer ist schon da und mein Hotelzimmer bereit, ich ziehe trockene Klamotten an, lasse den Rucksack im Zimmer und ziehe sofort wieder los. Der Regen hat sich verzogen und nach und nach macht sich breiter Sonnenschein auf den Weg zu mir. Ich weiß genau, wo ich hin will. Schloss Trauttmansdorff ruft, nicht das Schloss selbst, sondern die legendären Gärten, die erst 2022 erneut einen Preis als Italiens schönster Garten gewonnen haben und die zu den schönsten Gärten der Welt zählen. Auf den wenigen hundert Metern bis zum Schloss fühle ich mich, als ob ich irgendetwas vergessen hätte. Es ist das fehlende Gewicht des Rucksackes, an das ich mich erst noch gewöhnen muss.

In Form eines natürlichen Amphitheaters rund um den zentralen Seerosenteich präsentieren sich in den Gärten von Schloss Trauttmansdorff in Meran über 80 Gartenlandschaften aus aller Welt. Eine unvergleichliche Pracht an Bäumen und Pflanzen, Schmetterlingen und Düften. Ich bin überwältigt. Es ist alles so schön, dass es schon fast weh tut. Genau, wie Erich Kästner in seinem Mai Gedicht schreibt:

......Melancholie und Freude sind wohl Schwestern.

Und aus den Zweigen fällt verblühter Schnee.

Mit jedem Pulsschlag wird aus Heute Gestern.

Auch Glück kann weh tun. Auch der Mai tut weh. "......

Das beschreibt gut meine Stimmung. Meine Reise geht zu Ende. Ein halbes Jahr habe ich mich auf sie vorbereitet. Schön, dass ich es geschafft habe und nach Hause komme. Aber auch schade, dass es vorbei ist.

Werde ich nochmal in meinem Leben etwas vergleichbar Großes erleben? Wann werde ich nochmal so ungestört meinen Gedanken nachhängen können? Ich nehme mir ganz fest vor Achtsamkeit und Meditation zu betreiben. Im Winter werde ich beginnen Yoga zu erlernen. Es ist Zeit, jetzt mit 63. Ich will beweglich bleiben, im Körper, im Geist, in der Seele. Die offensichtlichste Wohltat der letzten Woche war es das Leben einfach fließen zu lassen, mich fließen zu lassen.. Panta rhei, alles fließt, so hat schon Heraklit erkannt. Man steigt niemals zweimal in den gleichen Fluss, nichts bleibt, alles wandelt sich. Dem einen macht das Angst, dem anderen Mut. Für mich ist klar: Leben ist Bewegung und zwar in allen Dimensionen. Wer sich nicht bewegt, kann nichts bewegen.

Mein Magen knurrt. Ich kehre in einem Gasthof ein, sitze unter alten Bäumen und wähle eine Pizza mit Pepperoni, Sardellen, Oliven. Pizza Zigeuner heißt sie. Hilfe, das ist nicht politisch korrekt. Ich bestelle auf

Italienisch: Una pizza zingara, per favore. So klingt es ein bisschen weniger schlimm, finde ich. Als die Kellnerin die Pizza später bringt, schreit sie laut durch den ganzen Garten: "Für wen ist die Pizza Zigeuner?"

Auch eine Lektion. Wie bei einem Buchtitel von Johannes Mario Simmel: "Niemand ist eine Insel". Da kannst Du philosophieren, so viel wie Du willst. Mach Deine Rechnung niemals ohne die anderen.

Die Heimreise hatte ich zweiteilig geplant, den Weg von Meran nach München mit dem Flixbus, dann von München nach Hause mit dem ICE. Der erste Teil ist wenig erfreulich. Zahlreiche Staus und Unfälle rund um den Brenner verlängen die Fahrt von viereinhalb auf sieben Stunden, der Anschlusszug in München ist unerreichbar. Der angebliche Flixbus war ein Bus ohne all die versprochenen Annehmlichkeiten, kein Bordprogramm, kein WLAN, keine Getränke, keine Snacks, kein Sitzkomfort, kein Klopapier, kein Wasser zur Handwäsche auf der Toilette. Dafür aber zwei übellaunige, unkommunikative Busfahrer. Ab Sterzing hatte ich eine direkte Sitznachbarin, wieder eine besondere Begegnung. Eine schöne, sportliche Frau, vielleicht um die 50 Jahre. Wenige Minuten nach ihrem Einstieg klingelt ihr Handy, geduldig erklärt sie die Zubereitung einer Zucchinipfanne. Kurz darauf ein weiterer Anruf, ja die Jeans liege gewaschen und gefaltet im Korb im Jugendzimmer. Ich lächelte sie an und sagte: Mütter. Sie beginnt zu erzählen, ihre erste ICH-Zeit seit 16 Jahren. Mutter zweier Söhne in der

Pubertät, im Rollstuhl sitzender Ehemann mit Querschnittslähmung. Und nun verreise sie allein für eine Woche, am Nachmittag ziehe eine Familienhelferin ein. Sie fahre nach München zum Flughafen. Sie ist spürbar voller Vorfreude auf diese Woche. Danach fragt sie mich, was mich in den Bus führt. Ich berichtete, dass ich gerade eine Woche ICH-Zeit beende. Wir lächeln uns an. Ihr Handy klingelt. Offenbar fragt einer ihrer Söhne, wo das Knoblauchöl in der Küche steht. Sie erklärt kurz und sagt dann: " Ich mache jetzt das Handy aus, der Akku ist fast leer. Ich melde mich, wenn ich gelandet bin. "

Sie schaltet das Handy aus und legt es unten in ihren Rucksack. Sie schaut mich an. Wir lachen beide sofort los. Dann kramt sie mindestens ein Kilo Trauben in einer Tupperdose hervor und beginnt zu naschen. Eigene Ernte, berichtet sie. " Essen Sie gar nicht auf der Fahrt?," fragt sie.

Ich habe nichts dabei, mich auf die Bordverpflegung verlassen. Sie schiebt mir die Hälfte von den Trauben zu. Wir sitzen lange nebeneinander und schweigen. Ob Ihr Telefonakku wirklich fast leer war? Oder hat sie gar nicht das Akku vom Telefon gemeint? Ich frage nicht nach.

Zwei Frauen mit ICH-Zeit. ICH-Zeit muss man sich nehmen, sie wird einem nicht gegeben. Und sie muss manchmal verteidigt werden. Ich erinnere mich erneut an meinen Weg. Ich war immer froh jemand zu treffen und habe auch stets paar freundliche Worte gewechselt.

Jede Begegnung hatte eine tiefere Bedeutung. Ist das nun typisch für eine Pilgerreise? Oder ist es so stets mit allen neuen Begegnungen und wir merken es nur nicht? Ist das Leben selbst eine Pilgerreise?

Ich denke an Heimkehr, an Tod, an Glockengeläut und Weihrauch. Die Gedanken sind nicht schwer.

Epilog

Allmählich wird realer, was ich erlebt habe. Ich bin voller Dankbarkeit, kann mich kaum satt sehen an meinen zahlreichen Fotos. Die Quintessenz: am faszinierendsten war für mich täglich ins Unbekannte zu wandern, an Orte und Plätze, die ich noch nicht kannte. Das hat für mich einen großen Teil des Reizes ausgemacht. Darum werde ich 2023 diesen Weg nicht ein zweites Mal gehen, wie manche Mitwanderer überlegten.

Aber sicher ist: Ich werde weiterhin wandern. Der Norden reizt mich für 2023, vielleicht eine kombinierte Bahn-Wanderreise entlang der dänischen Westküste bis hoch nach Skagen, wo Nordsee und Ostsee sich treffen. Mein Fernweh ist nochmal explodiert. Beim Reisen werde ich immer auf meinen ökologischen Fußabdruck achten, das ist mir wichtig.

Kurz nach meiner Rückkehr waren in Italien Wahlen und leider ist ein Rechtsbündnis als Sieger hervor gegangen. Das Logo der Gewinnerin trägt Mussolinis Flamme. Ein paar Mal unterwegs habe ich an Faschismus und Antifaschismus denken müssen: Bei den Bella Ciao-Joggern, den Südtiroler Verteidigungsanlagen, bei den Carabinieri. Es schmerzt mich, dass Italien sich weite Schritte von einer offenen Gesellschaft entfernt hat. Wie schön könnte eine Welt sein, wo jeder Mensch dem Menschen Freund ist. Dafür lasst uns leben. Alerta antifascista!

Zauberhaftes Mittenwald

Karwendelblick

So mühsam geht es bergauf.

Leutaschklamm

Blick zum Klammboden

Leutaschklamm

Porta Claudia und Leutschache

Leutaschtal

Wurzelsteige.Kilometerlang. Teuflisch anstrengend.

Alm kurz vor der Buchner Höhe.

Die Hohe Munde.

Blick hinab ins Inntal

Der Schwarzsee über dem kleinen Mutzkopf, im Hintergrund Piz Lad.

Abstieg zur Reschenalm

Am Großen und Kleinen Mutzkopf

Nauders , direkt an der Schweizer und der italienischen
Grenze

Graun. Der versunkene Kirchturm.

Reschen

Burgeis

Mals. Stadt der fünf Türme.

Ankunft in Naturns. Belohnungseis.

Tappeinerpromenade. Meran liegt mir zu Füssen.

Meran, die Passer.

Meran.

Gartenmagie, die mich verzaubert.

Schloss Trauttmansdorff

Das Titelbild. Meine Füße weit oben in der
Leutaschklamm.